Christian August Vulpius

Leidenschaft und Liebe

Trauerspiel in 5 Aufz.

Christian August Vulpius

Leidenschaft und Liebe
Trauerspiel in 5 Aufz.

ISBN/EAN: 9783743428935

Hergestellt in Europa, USA, Kanada, Australien, Japan

Cover: Foto ©ninafisch / pixelio.de

Manufactured and distributed by brebook publishing software (www.brebook.com)

Christian August Vulpius

Leidenschaft und Liebe

Leidenschaft
und
Liebe.

Ein
Trauerspiel in fünf Aufzügen
von
C. A. Vulpius.

>Non m'è si caro il cor ond' io respiro,
>Còme sè tu, cor mio.
>Se mori, oimè, non mori tu, mor' io!
>
>*Guarini.*

Aufgeführt zum erstenmal, am 7ten Januar 1790.
auf dem Hoftheater zu Dresden.

Leipzig,
in der Gräffschen Buchhandlung
1790.

Personen

Saffar, König in Kambaja	Hr. Opitz.
Aschraf Azaba, sein erster Rath und Vertrauter	Hr. Schouwart.
Zoradine, Prinzessin von Gori	Mad. Albrecht.
Don Duarte Marques de Noronha, Portugiesischer Gesandter	Hr. Brück'l.
Donna Brianda Almeyda, Gräfin von Abrantes	Mad. Koch.
Don Francesko de Saldonna	Hr. Schirmer.
Don Rinaldo de Sousa } portugiesische Offiziere.	Hr. Drewitz.
Don Gomaro Soarez }	Hr. Schlegel.

Ein Derwisch   Hr. Emrich.

Aboja } Anführer der Königli-   Hr. Griesbach.
Jofar } chen Wachen.   Hr. Sello.

Portugiesische Offiziere.

Weiber.

Gefolge.

Wachen.

(Die Szene ist zu Kambaja. — Zeit, Mitte des XVI. Jahrhunderts.)

Erster

An die Leser.

Ich erwarte Dich in den Schranken! war ehemals das Losungswort, welches Ritter einander zuriefen, die von einer Sache nicht einerlei Meinung hatten, oder einen Handel aus verschiedenem Gesichtspunkte ansahen, und dann kam es darauf an, welcher von beiden Kämpen in gleichem Waffenspiele geübter, oder glücklicher war. Wer nicht des ritterlichen Streites selbst erfahren, selbst im Stande war, eine Lanze gehörig zu führen, der ließ das Herausfordern bleiben, und blieb beim Pokal oder bei der Kunkel daheim sitzen. — So sollte es auch bei Kritiken über dramatische Produkte seyn, und dann würde sich mancher zurückziehen, der, wenn er mit offenem Visir vor unpartheiische Kampfrichter trät, ohnehin abgewiesen würde.

Der dramatische Dichter hat ein doppeltes Publikum; das eine liest, das andere sieht und hört. Man stelle sich in seine Lage! — Gäb es lauter dramatische Kunstrichter, die selbst dramatische Dichter wären, die Zeit, in ihren kritischen Blättern Raum, Willen und Kräfte hätten, wie Schink, dann könnte und würde der Dichter lernen und belehrt werden, und der Nutzen für unsre vaterländische Bühne würde und müßte sichtbar seyn.

Man nehme noch den Privatgeschmack, wenn ich so reden darf, nicht nur einzelner Mitglieder, sondern des Publikums ganzer Städte, dazu, und überdenke abermals in dieser Hinsicht des Dichters Lage. Man

Man vergleiche die verschiedenen Urtheile eines jeden, der für sein Geld im Schauspielhause ein Recht erhält, Schauspiele so gut wie Schauspieler zu beurtheilen, mit einander, und — abstrahire ein Resultat.

Mit allen dem will ich nun weiter nichts sagen, als:

> ich erwarte meine Richter vor der Bühne,
>
> ich erwarte Richter, die mich belehren können und wollen.

Von der Wirkung des Schauspiels auf Leser und Zuschauer, hänge das Urtheil über dasselbe ab.

Das Sujet ist, so viel ich weis, mein. Ich habe die Szene in die Zeiten der glänzenden Epoche der Portugiesen in Indien verlegt; eine Epoche, in welcher Heroismus, Grosmut, Liebe, Stolz, der Denkungsart der

Nation und des Zeitalters angemessen, Farben zu den auffallendsten Gemälden lieferten, wie aus der Geschichte bekannt ist. Der Geist der Ritterwelt belebte und veredelte damals die Handlungen der kühnen Abentheurer, die über Meer gingen, Besitzungen erwarben, und sie zu behalten suchten. Dieses Trauerspiel soll ein Spiegel seyn, in welchem man die Sitten jener Zeiten erblicken soll, und konnte ebendeswegen nicht so behandelt werden, wie ein Trauerspiel behandelt werden muß, in welchem Personen aus dem achtzehnten Jahrhundert auftreten. Daher erkläre man sich auch Don Rinaldo's Betragen in der Szene, (welche man bei der ersten Aufführung dieses Trauerspiels zu stark gefunden hat, wie man mir sagt,) wo er lieber selbst in sein Schwerd fallen, als seinen Freund umbringen will, dem er nach damaligen ritterlichen Begriffen,

die

die Erfüllung der Bitte nicht abschlagen konnte, ihn zu töden, damit er von der Hand eines Edlen und nicht durch das Henkerschwerd fiel. Ueberdies gründet dieser Trait sich auf eine wahre Geschichte.

Portugiesen handeln in diesem Trauerspiele bei Völkern des Orients; ein König, sein Rath, eine Prinzessin ꝛc. unter dieser Zone, gegen Fremblinge. — Es lag mir ob, die Kontraste entschieden merklich zu machen; ob es mir gelungen ist, müssen Zuschauer entscheiden, deren Stimme entscheidend ist. Ob der Gang der Leidenschaften der ist, der er seyn soll, entscheide das Gefühl der Zuschauer. Behandlung des Sujets, Gang des Stücks, Schilderung damaliger Sitten, Kostum ꝛc. alles das, und noch mehr, wird seine Richter auch finden.

Der

Der Ort der Szene, die Nation, von welcher die handelnden Personen sind, geben das Kostum in Ansehung der Trachten, deutlich genug an. Im Fall der Not, verweise ich alle denen daran gelegen ist, dieselben genau zu bestimmen, auf die Kupfer der ersten Bände der: Allgemeinen Historie aller Reisen zu Wasser und zu Lande. — Und übrigens hoffe ich nicht, daß die Schauspielerin, welche die Rolle der Brianda spielt, mir das Herzeleid machen wird, ihre Schönheit und die Herrlichkeit ihrer Tracht etwa mit einem Reifrocke zu verschönern!

Genug als Vorrede zu einem Schauspiele! — Geschrieben am 24. Februar, 1790.

Leidenschaft und Liebe.

Erster Aufzug.
Saffars Zimmer.

Erster Auftritt.
Saffar. Aschraf. Don Francesko.

Saffar (erhebt sich von seinen Polstern.)

Nun geh, Francesko! Sag Zoradinen alles, was ich Dir gesagt habe, wende Deine eigene Beredsamkeit an, und betreib das Geschäft so eifrig, als wär' es Dein eigenes. Ich hoffe alles von Dir und Deinem mir so oft zugesicherten Diensteifer. Stündlich erwarte ich den Gesandten Deiner Nation. Wir mögen nun Frieden schließen, oder nicht, so kehrst Du friedlich, ohne Lösegeld, oder sonst eine Erkenntlichkeit, mit ihm zurück, und ich mache auf

A nichts

nichts von Dir Anspruch, als auf Deine Freundschaft, die ich, wie ich hoffe, verdiene, auch wenn Du nicht mehr an meinem Hofe bist. Das einzige, was ich wünschte, ist, Dein Schwerd nicht wieder gegen meine Völker gezogen zu sehen; es hat starke Lücken in meinen Heeren gemacht. — — Bringe mir bald gewünschte Erklärung von Zorabinen.

Francesko (verläßt mit Zeichen tiefer Ehrerbietung das Zimmer.)

Zweiter Auftritt.

Saffar. Aschraf.

Saffar.

Er geht — sagt nicht ein Wort? — Ueberhaupt, schien er theils nachdenkend, theils bewegt zu seyn. Bemerktest Du nichts?

Aschraf. Längst bemerkte ich schon zu viel.

Saffar. Zu viel? —

Aschraf. O! daß ich mich täuschte! Daß ich falsch in seiner Seele läs!

Saffar.

Saffar. Was sagst Du?

Aschraf. Herr! warst Du je wirklich überzeugt, daß ich Dir treu und redlich diente?

Saffar. Wozu diese Frage?

Aschraf. Bist Du es noch?

Saffar (beinahe unwillig.) Aschraf, Dein Fragen könnte Deinen Herrn beleidigen, der Dir von seiner Freundschaft oft so redende Beweise gab!

Aschraf. Darf ich reden? reden, wie ich denke? wie meine Pflicht es fordert?

Saffar. Deine Pflicht? — Ich wähnte stets, sie sey Dir heilig und berechtige Dich, ohne Zurückhaltung mit mir zu sprechen. — Du hast Argwohn gegen Francesko?

Aschraf. Ich muß!

Saffar. Argwohn gegen den Mann, der, wie ich glaube, so gut wie Du, meine Freundschaft zu schätzen weis?

Aschraf. Er mißbraucht Dein gränzenloses Zutrauen zu seiner Rechtschaffenheit.

Saffar (schnell.) Francesko?

Aschraf.

Aschraf (mit Nachdruck.) Er. —

Gaffar. Das thut er nicht! Dein Mißtrauen gegen ihn, weil er von der Nation unserer Feinde ist, führt Dich irre.

Aschraf. O! daß es so wär'! Wie gern wollt' ich allem Mißtrauen auf ewig entsagen, wenn es nur diesmal mich irre führte!

Gaffar (nachdenkend.) Aschraf! Spricht nicht Mißgunst, nicht Neid, keine unedle Empfindung aus Dir?

Aschraf. Noch nie hat mich mein Herr unedler Empfindungen beschuldigt. Jetzt zum erstenmal! —

Gaffar. Willst Du Dich nicht an das erinnern, was ich für Francesko gethan habe? Ich ließ ihn seiner Fesseln entledigen, zog ihn an meinen Hof, würdigte ihn meines Zutrauens; meiner Freundschaft sogar; gewöhnte mich an seinen Umgang so sehr, daß es mir schwer fallen wird, ihn zu missen. Und doch versprach ich ihm, mit dem Gesandten seiner Nation ihn ziehen zu lassen; ich werde mein Versprechen erfüllen. — Und nach allen dem,

was

was ich für ihn that, sollte er noch fähig seyn, verrätherisch an mir zu handeln? nein! Du verkennst ihn. Edel schlägt auch das Herz manches Portugiesen. Sie sind unsre Feinde, weil sie glauben, daß wir die ihrigen sind; sie betrogen uns, weil sie glaubten, von uns betrogen zu werden; aber müssen sie auch Verräther seyn, wenn man sie mit Wohlthaten überhäuft? Und Francesko —

Aschraf. Seine Leidenschaft —

Saffar. Leidenschaft? (betroffen) Rede! was vermuthest Du?

Aschraf. Daß er Zorabinen liebt.

Saffar. Liebt? —

Aschraf. Was ich, was mehrere als ich bemerkten, entgieng nur Deiner Bemerkung. — Sein Talent in der Malerei, die mächtige Täuschung, mit welcher er Dein Bild auf die Leinwand zauberte, bewog Dich, ihn Zorabinen für Dich malen zu lassen. Du weißt, wie lange er mit Verfertigung dieses Bildes zubrachte. Es erforderte zweimal mehr Zeit ihr Bild, als das Deinige, zu vollenden. Was verlängerte wohl die Zeit, als das süße

Vergnügen, um sie zu seyn? — Anfangs malte er in Deiner Gegenwart, zuletzt erhielt er Erlaubniß, sie auf ihrem Zimmer zu malen. Zwar waren Zeugen dabei, aber Dein Auge fehlte. Endlich war das langsame Werk vollendet. Sie hätten sich nicht mehr sehen können, aber sie verstanden sich schon. Zorabinens Neigung, die Laute spielen zu lernen, wurde hervorgesucht —

Saffar (bestürzt.) Wär' es möglich?

Aschraf. So sagten seine Augen, wenn sie mit den ihrigen sprachen. Diese stumme Sprache führt ihre Redner nicht irre. — Jetzt schickst Du ihn mit Aufträgen ab, mit Vollmacht, wenn es erforderlich sey, auch sie allein zu sprechen. Ein erwünschter Befehl! (bitter, halblachend.) Es wird gewiß erforderlich seyn! — Er wird sich mündlich erklären. — Vielleicht überdachte er, was er ihr in eigenen Angelegenheiten sagen wollte, indeß Du ihm die Betreibung der Deinigen ans Herz legtest. Daher sein nachdenkendes Stillschweigen.

Saffar. Du vergiftest mein Herz mit Argwohn —

Aschraf

Aschraf. Ueberzeuge Dich; was hindert Dich?

Saffar. Sollte Zoradine ihn wieder lieben? Deshalb meine glänzenden Anträge ausschlagen?

Aschraf. Sie ist ein Weib! — Hindernisse beflügeln den Schritt der Liebe. Wie schmeichelhaft ist es, diese gefährliche Klippe zu überfahren! wie lockend, prangt der schwer zu erringende Preis am Ziel! der Betrug gilt einem K ö n i g e, die romantische Liebe verzeiht ihn doppelt.

Saffar. Ich muß mich überzeugen! — Mein Herz verstattet mir keinen Aufschub. Irrst Du Dich, Aschraf, — so vergebe ich Dir, doch blos unter der Bedingung, mich nie wieder mit mißtrauischen Vermuthungen zu quälen, bis Du Deiner Sache gewiß bist. — Wenn ich sie in zärtlicher Umarmung fänd! wenn ich die süßen Betheuerungen ihrer liebevollen Schwüre hörte! o! wenn es wahr wär, was Du vermuthest! — Aschraf! Du weißt nicht, wie sehr Du mein Herz verwundet hast. Es blutet, von den giftigen Pfeilen des Arwohns getroffen, dessen ganzen Köcher Du auf mich geleert hast. Soll denn immer dieser Feind der Ruhe im Kampfe mit Liebe, siegen! Ach! ich wünsche, daß

Du Dich irrtest; ich zittre, mich zu überzeugen, daß ich mich irrte!

(ab, mit Aschraf.)

Dritter Auftritt.

Saal, mit Seitenthüren.

Khoja (im Hintergrunde auf- und abgehend.)
Francesko.

Francesko.
Sag der Prinzessin, daß ich auf Befehl des Königs mit ihr zu sprechen wünsche.

Khoja (mit einem scheelen Blick.) Auf Befehl des Königs?

Francesko (führt ihn ungeduldig nach einer Seitenthür.) Sag Zorabinen, was ich Dir sagte.

Khoja (vor sich.) Der König, oder er hat Eil!

(geht in das Seitenzimmer.)

Francesko. Es sey gewagt! O! Liebe! ist es wahr, daß deiner Allgewalt Menschen wundervolle Unternehmungen dankten, daß Glück die Gefährtin aller Gefahren ist, welche deine kühnen Schritte umschwebt, so leite auch mich zu dem Ziele meiner

Wüns

Wünsche! Vertrauend auf deine Wundermacht, überlaß ich mich dir und deiner Leitung.

Vierter Auftritt.

Francesko. Zorabine. Khoja. Weiber.

Zorabine.

Was bringt Francesko?

Francesko. Eine Botschaft von unserm Könige.

Zorabine (setzt sich.) Rede!

Francesko. Zorabine, die Prinzessin von Gori, wurde von ihrem Bruder, dem Vasallen des Königs, als Geisel heiliger Verträge und eines ewig beständigen Friedens, während des Kriegs mit den Portugiesen, auf des Königs Verlangen, gegeben. Ihr Bruder brach seine Versprechungen, verband sich mit den Portugiesen, ließ seine Völker zu den ihrigen stoßen, kämpfte gemeinschaftlich mit ihnen gegen die Armeen des Königs, und verletzte seinen heiligen Eid. Der König rächte die ihm angethane Schmach nicht, wie vielleicht ein anderer gethan haben würde, an der edlen Prinzessin, die ihm zur Geisel gegeben wurde; er behandelte sie eben so großmüthig, als ihr Bruder treulos an seinem Herrn handelte.

Zoradine. Ich erkenne und verehre dankbar seine königliche Huld —

Francesko. Er thut noch mehr. Er vergißt, daß sie die Schwester seines treulosen Vasallen ist, und bietet ihr seine Hand, seine Krone und den Rang seiner ersten Gemalin an. — Lange schon, so sagt der König durch mich, hätte die Prinzessin Zoradine bemerken können, (Mienenspiel, seine eigene Leidenschaft ausdrückend.) daß er sie liebte, daß er den Besitz ihrer Liebe selbst der glänzenden Pracht eines Thrones vorziehen würde. — Bemerkte sie das nicht?

Zoradine. Sie konnte es nicht bemerken, weil (beantwortendes Mienenspiel des seinigen.) ihr Herz einem andern gehörte.

Francesko. Diese Nachricht wird den König unglücklich machen!

Zoradine. Mich, seine Hand.

Francesko. Dies ist die Antwort?

Joradine. Ich kann dem König nie genug für die Gnade danken, mit welcher er mich behandelt hat. Ich bin gerührt von seiner Huld, ich weis sie nie zu vergelten; — aber viel höher würd' ich seine Gnade schätzen, wollte er diesem Herzen keinen Zwang anthun. Sagt ihm das, edler Francesko! (steht auf) sagt es ihm mit Eurer zauberischen Beredsamkeit, und seyd meines innigsten Dankes versichert. (geht nach ihrem Zimmer.)

Francesko. Wollt Ihr Euch, und den Zustand Eures Herzens, nicht näher entdecken?

Joradine. Befahl der König Euch, diese Frage an mich zu thun? (bedeutungsvoll, wegen der Umstehenden, in Miene und Ton.) Und glaubt Ihr, ich werde das Geheimniß meines Herzens so öffentlich hingeben, wie den Wunsch nach einem frischen Blumenkranze?

Francesko. Ich habe Erlaubniß, in diesem Fall mit Euch allein zu sprechen.

Joradine. Mit mir allein?

Francesko (übergiebt Khoja ein Pappier.) Hier ist des Königs Befehl, uns allein zu lassen.

Ahoja (verbeugt sich tief, als er das Papier erhält. Nachdem er gelesen hat, läßt er Weiber und Wache abtreten, und verläßt mit ihnen den Saal.)

Fünfter Auftritt.

Zorabine. Francesko.

Francesko (nach einer Pause, in welcher sie sich liebevoll und zärtlich ansehen.) Wir sind allein!

Zorabine. Habe ich Deine Blicke verstanden?

Francesko. Wenn ich die Deinigen verstehe.

Zorabine (eilt in seine Arme.) Francesko! —

Francesko. Zorabine! — O! seliger Augenblick, werde zu einer Ewigkeit, und ich bin unaussprechlich glücklich.

Zorabine. Glücklich? werden wir wohl glücklich werden?

Francesko. Gewiß! — Habe Muth und Hofnung zu der Wundermacht der allesvermögenden Liebe. — Zum erstenmal dürfen meine Lippen Dir sagen, was bisher meine Augen Dir nur verstohstohlen gestehen durften! zum erstenmal klopft dies Herz an Deinem Busen. Zoradine! das ist der Liebe Schlag!

Zoradine. Zum erstenmal, daß ich in meinem Leben ihn empfinde. O! welche Seligkeit reift in den Freuden zärtlicher Empfindungen! und dieser wonnevolle Rausch sollte auf immer dauern?!

Francesko. Ewig, ewig werde ich Dich lieben! Ich werde Dich besitzen, Dich mein nennen. —

Zoradine. Täusche das liebende Mädchen nicht mit unmöglichen Verheißungen. — Ach! ich fühle es, daß ich die Unmöglichkeit, Dich zu besitzen, nicht ertragen kann! Sterben kann ich, aber Trennung kann ich nie ertragen. Was ist Tod und Grab, gegen Trennung liebender Herzen?

Francesko. Der Gesandte meiner Nation wird stündlich hier erwartet. Mit ihm soll ich frei und ungehindert ziehen, hat der König mir versprochen. Ich werde Dir diesen Abend noch männliche Kleider meiner Landestracht, nebst einer Strickleiter in dem Futterale Deiner Laute verschlossen, zuschicken, welche Du mir, unterm Vorwande sie zu stimmen, schicken

schicken wirst. — Ich will in Deinem Namen jetzt dem Könige einige Hoffnung geben. Betrage Dich etwas gefälliger gegen ihn — aber nicht, wenn ich dabei bin. —

Joradine. Fürchtest Du dabei zu verlieren?

Francesko (eine Art von Stolz nicht ganz unterdrückend.) Ich fürchte, mich nicht genug verstellen zu können.

Joradine. Nur fürchte nichts von meiner Liebe. Ach! was zog mein Herz so allgewaltig zu dem Deinigen, seit dem ersten Augenblick, als ich Dich sah?

Francesko. Liebe war es, die auch mein Herz zu dem Deinigen zog. — Dein erster, seelenvoller Gegenblick, als ich stumm Dir gegenüber saß, Dein liebevolles Bild auf die tode Leinwand zu zaubern, das so lebhaft vor mir stand, das so fest in mein Herz eingedrückt war — dieser Blick! — o! wie glücklich machte er mich! — Damals machte ich das Lied in meiner Sprache, das erste, welches ich Dir vorsang. Du sangst Worte nach, deren Sinn Dir meine Blicke, deren Bedeutung Dir Liebe und Empfindung erklärten.

Jo=

Zoradine. Könnte ich Dir sagen, was ich seit jenem Augenblicke empfand, als Dein Feuerblick in mein Herz drang! wie es Dir entgegen schlug, wenn die selige Stunde unsers Wiedersehens kam; wie ich jeden Pulsschlag zählte, bis ich Dich kommen hörte; wie mein Herz Deinen Blicken entgegen klopfte, wenn ich Dich endlich sah! — Wir hatten immer Zeugen. Worte hörten sie nicht, und unsre Blicke konnten sie nicht verstehen. — Aber jetzt dürfen diese Lippen Dich mein nennen! In Deinen Armen soll ich glücklich seyn? —

Francesko. Auf immer! — Ach! meine Zoradine!

Sechster Auftritt.

Vorige. Saffar, Aschraf. (treten unbemerkt ein.)

Zoradine.

Mein Francesko!

Francesko. Welche Seligkeit, Dich in meinen Armen zu wissen, Dich entzückt an mein klopfendes Herz

Herz zu drücken, wonnevolle Berauschung auf Deinen Lippen mit nimmersatten Zügen einzusaugen!
(küßt sie.)

Saffar (tritt herzu.) Das ist zu viel!

Jorabine. Gott! — der König!

Saffar. Elender, niederträchtiger Verräther! (zieht den Säbel.) Und Du zitterst nicht vor meiner Wuth?

Francesko (gefaßt und stolz.) Ich fürchte den Tod nicht, das wissen Deine Krieger. Sterbe ich von Deiner Hand, so sterbe ich ohne Waffen, und Du hast einen Wehrlosen gemordet. — Gieb mir mein Schwerd —

Saffar (wirft ihm den Säbel vor die Füsse.) Tödte, um das Maas Deiner Schandthaten zu füllen, Deinen betrogenen Wohlthäter, dem Du durch Deine Verrätherei so tiefe Wunden schlugst. — Sklave! wie belohnst Du Deinen Herrn für seine Grosmuth? wie hast Du ihm seine Liebe, sein Vertrauen so schändlich vergolten! bebst Du nicht für Deinem eigenen Lasterbilde zurück? Oder ist es so sehr Sitte bei Euch, Wohlthaten mit Undank zu be-

lohs

lohnen, daß die Schaam so gern ihre heiligen Rechte
über Euch verliert? Du hast sie aus Deinem Herzen vertrieben, und sie sucht nicht einmal mehr Zu-
flucht auf Deinen Wangen, so sehr verachtet Dich
diese Freundin unverdorbener Seelen. — Was
kannst Du zu Deiner Vertheidigung sagen?

Francesko. Ich liebe.

Saffar. Schändlicher! Du wagst es noch, mit
diesem Worte meinen Zorn zu entflammen? — Ver-
derben über Dich und Zoradinen! — Wache!

Siebenter Auftritt.

Vorige. Khoja. Wache.

Saffar.

Ich schenkte Dir mein ganzes Vertrauen; Du
nahmst es mit der dankbaren Miene eines Edlen,
eines Freundes an, und betrogst mich mit den Ge-
berden eines Heuchlers. Sag, ist es nicht schändlich?

Francesko. Habe ich Dich an Deine Feinde
verrathen? habe ich Dich um Geld und Schätze
betrogen? suchte ich Dich um Deine Krone zu
brin-

bringen? kam ein Gedanke von Aufruhr in meine Seele? suchte ich die Stärke und Schwäche Deiner Heere und Vesten zu erforschen?

Saffar. Du hast mehr als das gethan, Du hast mein Vertrauen gemißbraucht.

Francesko. Ich habe Dich nicht um Dein Eigenthum betrogen. — Zorabinens **Herz** war nie in Deiner Haft. Frei ist das Herz des Menschen; es kann ihm dieses Gut kein König rauben, keine Ketten ihm anlegen; nur **verschenkt**, nur willig kann es einem andern **überlassen** werden. — Ist **Liebe bei Dir Verbrechen**, so sind wir strafbar. Aber schwächen wirst Du unsre Empfindungen nie. Wir lieben uns — wir können sterben. Du bist König, Du bist hier Herr, kannst unumschränkt in Deinem Gebiete handeln, Gnade ertheilen, Todesurtheile sprechen, und sie vollziehen lassen, aber liebende Herzen zu trennen, dazu reicht Deine Macht so wenig hin, als die Gewalt des größten Beherrschers der Erde.

Saffar (wili sich fassen.) Und mein Auftrag?

Francesko. Er ist vollzogen. — Zorabine verwarf Dein Anerbieten —

Saffar.

Saffar (aufgebracht.) Zorabine! Wer ist Dein Herr?

Zorabine (furchtsam.) Ich weis, was ich Dir schuldig bin: die tiefste Dankbarkeit. (edel und mit Gefühl) Dankbar werde ich ewig Deine Huld und Gnade verehren — lieben kann ich Dich nie: Dies Herz schlägt nur für Francesko. — (gefaßt) Deine Gemahlin kann ich nicht werden —

Saffar. Fesseln!

Francesko (indem man ihn fesselt.) Wohl Euch, daß diese Hände nicht das bekannte Schwerd führen.

Saffar. Uebermüthiger! (auser sich) Deine Kühnheit vergrößert Deine und Zorabinens Strafe.

Zorabine (indem ihr Fesseln angelegt werden.) Fesselt diese H ä n d e, mein H e r z kann kein König mir in Fesseln schmieden lassen; nur die Liebe meines Francesko hat es gefesselt.

Achter

Achter Auftritt.

Vorige. Zofar.

Zofar.

Herr! Der Gesandte der Portugiesen ist angekommen.

Saffar (zu Francesko.) Dieser richte über Dich und Dein Betragen. Ihm sey es überlassen, Deine Strafe zu bestimmen. Mich sollst Du keiner Ungerechtigkeit beschuldigen. — Führt sie in Verwahrung! — Undankbarkeit kennt keine Freunde; kein Freund entschuldige den Verräther seines Herrn.

(ab, mit Aschraf.)

Zoradine. Francesko! (zeigt ihm ihre gefesselten Hände.) Dies kettet mich auch an Dich! Herz und Hand für Dich allein in Fesseln. Und Dein Herz ist mein?

Francesko. Ewig, in bessern Welten, Dein!

Zoradine. Dies tröstet mich!

Francesko. Liebe ist standhaft.

Zoradine. Standhaft bis in den Tod!

(Pantomime ihres Leidens und des verzögernden Abschieds.)

Khoja (zur Wache.) Führt sie fort!

(K.hoja umgiebt mit einem Theil der Wache Francesko, Zofar, mit dem andern Theil der Wache, Zoradinen — und führen sie fort. Nahe an den Thüren sehen sich Zoradine und Francesko mit Ausdruck nach einander um, und eilen schnell auf einander zu.)

Zoradine.
Francesko. } Standhaft, bis in den Tod.

(umarmen sich.)

(Der Vorhang fällt während ihrer Umarmung.)

Zweiter Aufzug.
Audienzzimmer.

Erster Auftritt.

Gaffar (sitzt unter einem prächtigen Boldachin auf Polstern. Bei ihm steht ein Taburet, auf welchem Schaalen stehen. Er selbst hat eine lange Tobakspfeife im Munde.)

Aschraf (steht dem König zur Rechten.) **Wachen und Hofleute** (umgehen die Thüren und den Thron.)

Don Duarte (sitzt ein paar Schritte von dem Throne linker Hand, auf einer Ottomanne. Hinter ihm stehen) **Donna Brianda** (in männlicher portugiesischer Tracht.) **Don Rinaldo. Don Gomaro. Portugiesische Offiziere.**

Gaffar.

Ich schätze und ehre Deinen König, als einen billigen und gerechten Mann, nach den Vorschlägen,

welche

tie Du mir in seinem Namen machst. Kömmst Du wirklich aus Portugall, ohne in Diu oder im Fort gewesen zu seyn, welches ich Dir glaube, weil Du mir es versicherst, ohne Theil an den Absichten des raubsüchtigen Statthalters, deines Herrn, hier, zu nehmen, so bist Du mir um so mehr willkommen.

Duarte. Die Klagen über des Statthalters Grausamkeiten, haben das Ohr meines Königs erreicht. Er billigt sein Betragen nicht.

Saffar. Er kann es nicht billigen, wenn er nicht eben so denkt, wie sein habsüchtiger Diener.

Duarte. Dies zu beweisen, muß ich Dir sagen, daß mein König mich gewürdigt hat, des Statthalters Stelle zu übernehmen, und ich habe Befehl erhalten, ihn mit den zurückkehrenden Schiffen nach Portugall zu schicken, wo sein Betragen untersucht werden soll. Er wird bestraft werden.

Saffar. Seine Selbsucht hat unerhörte Grausamkeiten erzeugt. Er hat mit dem Namen Deines Königs alle seine unedlen Absichten zu bedecken gesucht, er hat ihn beschimpft, und bei den

Völkern verhaßt gemacht. Wegen seines Privatinteresse haben viele brave Krieger ihr Leben verloren. Dies Alles kann Deinem Könige nicht gleichgültig seyn.

Duarte. Ich weiß es, daß die Portugiesen zwar mit großem Ruhm, aber auch mit beträchtlichem Verluste, gefochten haben. Ich habe daher frische Mannschaft mit mir gebracht. — Uebrigens hoffe ich, daß, so lange ich Statthalter seyn werde, zwischen uns ein ewiger Friede, Ruh und Freundschaft walten soll.

Saffar. So sey es! — Jetzt bitte ich Dich, diesen Pallast als den Deinigen anzusehen, und hier zu verweilen, bis wir die Punkte des Friedens und unsre gegenseitigen Forderungen, berichtiget haben.

Duarte. Ich bediene mich Deines gnädigen Anerbietens.

Saffar (steht auf, und winkt seinen Hofleuten, sich zu entfernen, welche bis auf Aschraf und die Wachen abgehen.) Laß es Dir bei mir gefallen, und besorge nicht, daß irgend eine Bequemlichkeit Dir fehlen werde.

Duarte.

Duarte (steht auf und küßt ihm die Hand.) Ich wünsche mich Deiner Gnade würdig zu machen.

Saffar. Ich mich Deiner Freundschaft.

Duarte. Ich habe einen Sohn, der sich unter den Kriegern meiner Nation im Fort befindet. Erlaube mir, daß ich ihn zu mir rufe. Schon seit drei Jahren sah ich ihn nicht. Länger kann ich seines Anblicks nicht entbehren, da ich ihm so nahe bin. Unsre Geschäfte möchten sich nicht sobald beendigen lassen, als ich ihn zu sehen wünsche, und das Vaterherz mahnt mich an die Sehnsucht, mit welcher ich abreiße, ihn zu umarmen.

Saffar. Er komme und genieße gleiche Rechte mit seinem Vater. Er werde meiner Freundschaft so werth, als Du durch Dein edles, weises Betragen Dich derselben versichert hast. Ich werde mich freuen, Zeuge des väterlichen Glücks zu seyn, dessen auch mich der Himmel werth halten wolle.

Duarte. Gewiß! Du wirst diese Freude nicht entbehren, die mit zum Glück so edler Männer gehört, wie ich Dich gefunden habe. Schließe von der ungeduldigen Erwartung den Sohn zu sehen,

B 5 auf

auf die Liebe des Vaters zu ihm. Es ist mein einziges Kind. Eine Erbschaft von seinem Onkel legte ihm die Pflicht auf, dessen Namen zu führen. Der König hat erlaubt, da er der einzige meines Hauses ist, daß er seinen Rechten auf das Vermögen seines Onkels unbeschadet, von jetzt an seines Vaters Namen führen soll. Diese Nachricht wird ihm sehr angenehm seyn, aber noch mehr als diese, eine andere. Ich habe eine edle Portugiesin mit mir gebracht. Reich, schön, und hohes Standes, wär sie berechtigt, Forderungen auf die angesehensten Verbindungen in unserm Reiche zu machen. Aber sie liebte längst meinen Sohn, und will ihm ihre Hand reichen. Ihre Familie hat endlich in diese Verbindung gewilligt, und ich werde meinen Sohn mit einer Nachricht überraschen, um deren Erfüllung ihn ganz Portugall beneiden muß.

Saffau. Mache ihm des Glücks so bald theilhaftig, als es Dir möglich ist.

Duarte (giebt Gomaro einen Brief.) Eile damit nach dem Fort, und mein Sohn beflügle seine Schritte, seinen Vater, seine Braut zu umarmen;

men, die seiner Ankunft so sehnlich entgegen sehen.

(Gomaro ab.)

Saffar. Noch habe ich Dir einen Fall vorzutragen, der sich vor einigen Stunden hier ereignet hat. Du sollst Schiedsrichter seyn zwischen mir und einem Portugiesen. In dem Treffen bei Belagerung des Forts Bandel, wurde unter andern ein junger Portugiese, hart verwundet, gefangen genommen. Ich ließ seine Wunden heilen, und nahm mich seiner mit vieler Sorgfalt an, weil sein Betragen mir gefiel. Ich löste seine Ketten, zog ihn an meinen Hof, würdigte ihn endlich sogar meiner Freundschaft und meines engsten Vertrauens. Diese Freundschaft, dieses Vertrauen, hat er schändlich gemißbraucht.

Duarte. Der Elende!

Saffar. Zoradine, Prinzessin van Gari, die ihr Bruder mir zur Geisel gab, die Waffen nicht gegen mich zu ergreifen, und doch sein Versprechen als treuloser Vasall brach, sich zu Eurer Parthie schlug, und mich mit ihr, im Bunde des Statthalters,

halters, bekriegte, empfand nicht den Lohn der Treulosigkeit ihres Bruders.

Duarte. Edel und grosmüthig handelte der König.

Saffar. Ich hielt sie ihrem Stande gemäß, als wär nicht geschehen, was geschehen ist. — Ich bot ihr meine Hand, meine Krone, und den Rang meiner ersten Gemalin an. Diese Botschaft sollte ihr der treulose Portugiese bringen. Aber er sprach für sich, und nicht für mich.

Duarte. That er das?

Saffar. Lange schon hatte er mit ihr ein geheimes Verständniß unterhalten, und heute beredeten sie sich, in Deinem Gefolge zu entfliehen. — Würdest Du sie mit Dir genommen haben?

Duarte. Nein!

Saffar. Ich selbst überraschte sie — ich selbst war Zeuge ihrer innigsten Vertraulichkeit, gebaut auf Verrath gegen mich. — Sprich, was verdiente der Mann, der alle meine Wohlthaten mit so heimtückisch vergolten hat? der meine Freundschaft mit so viel Hinterlist belohnte?

Duarte

Duarte. Er war ein Undankbarer, ein Verräther seines Wohlthäters, er betrog seinen grosmüthigen Herrn, — er verdient den Tod.

Saffar. Dies ist sein Urtheil?

Duarte. Dies ist es.

Saffar. Erwarte ihn hier, und kündige ihm dasselbe selbst an. — Ich kann grosse Beleidigungen vergeben, aber Verrath gegen meine Freundschaft, gegen mein Herz, verzeih ich nicht so leicht. Denn wer diese mißhandelt, beschimpft alles, worauf ich stolz bin.

(ab, mit Aschraf.)

Zweiter Auftritt.

Don Duarte. Donna Brianda. Don Rinaldo. Offiziere.

Duarte.

Habt Ihr gehört, Portugiesen, wie ein Portugiese handelte? und bei solchen Handlungen klagt man noch über Treulosigkeit dieser Völker, welchen man selbst unedle Beispiele giebt! Dies schwächt unser Ansehen

sehen, unsre Ehre; dies untergräbt unsern Ruhm, und vernichtet das Zutrauen auf unsre Rechtschaffenheit. — Wer er auch seyn mag, der Niederträchtige, er verdient den Tod, wär er auch des Statthalters Sohn selbst. — Ja, wahrlich! wär er mein eigener Sohn, der König sollte einen Beweis meiner Denkungsart erhalten. (geht umher) Warum so still, schöne Brianda?

Brianda. Ich weiß nicht, welche sonderbare Gefühle dieses Herz foltern!

Duarte. Die längst ersehnte, nahe Ankunft des Geliebten —

Brianda. Ich bin nicht von allen Besorgnissen frei. Wie? wenn sein Herz jetzt einer Andern gehörte?

Duarte. Noch wär es frei, als ich seinen letzten Brief erhielt — so schrieb er mir?

Brianda. Seit der Zeit verstrichen Monate, und die Liebe fürchtet Augenblicke.

Duarte. Donna Brianda hat nichts zu fürchten —

Brianda.

Brianda. Als was jedes Mädchen zu fürchten hat. Seit drei Jahren sah er mich nicht. Damals war es eine Unmöglichkeit, mich zu besitzen. Ich wurde in ein Kloster gesperrt, und er eilte voll Verzweiflung nach Indien. Die Zeit änderte die Gesinnungen meiner Verwandten, kann sie nicht auch die seinigen geändert haben? Die geglaubte Unmöglichkeit, je meine Hand zu erhalten, kann mir sein Herz geraubt haben. Vielleicht glaubt er mich vermält, hat einen andern, würdigen Gegenstand seiner Liebe gefunden, und ich werde den Schritt bereuen, meinen Entschluß verwünschen, mich und mein Leben den Wellen ungestümer Meere anvertraut zu haben. — Ach! wenn es so weit mit mir käm!

Duarte. Weg mit diesen Schreckbildern? — Wenn ich mir das Erstaunen meines Sohnes, sein stummes liebevolles Entzücken, denke, einen vielleicht aufgegebenen Wunsch so täuschungsvoll erfüllt zu sehen! o! Brianda! es wird ein seliger Augenblick werden! ein Augenblick voll Wonne für ihn und mich und Dich! — Willst Du ihn in diesen Kleidern überraschen?

Brianda.

Brianda. Ich will sein Herz rathen lassen.

Duarte. Du wirst es nicht täuschen!

Dritter Auftritt.

Vorige. Saffar. Aschraf.

Saffar.

Warum hast Du mir verhehlt, daß die Dame, die Du mit Dir brachtest, sich in Deinem Gefolge, in meiner Gegenwart befand?

Duarte. Verzeih! Sie wollte Dir nur in den Kleidern ihres Geschlechts, an der Hand meines Sohnes, näher treten.

Saffar (zu Brianda.) Ihr seyd es doch, schönes Fräulein, von der wir sprechen?

Brianda. Ich bin es.

Saffar (betroffen und entzückt.) Stolz würde jeder König auf Euern Besitz seyn, und könnten Kronen Euch glücklich machen, wer würde sich nicht wünschen, sie Euch zu schenken? — Der

Besiz

Besitz so vieler Schönheit, ein Kleinod, das allen irrdischen Schmuck verdunkelt, wird jeden glücklichen Besitzer zu einen König machen, dessen Diadem alle glänzende Edelsteine der Weltbeherrscher verdunkelt. — (zu Duarte, indem er seine Hand drückt.) Ihr seyd ein glücklicher Vater, und Euer Sohn, ist ein beneidenswerther Mann! seinetwegen kam ein Schatz übers Meer, den alle Herren der Welt nicht zu bezahlen vermögen.

Aschraf (vor sich.) Diese Sprache! —
Duarte (vor sich.) Ich fürchte! —

Saffar. So sehr ich auf der einem Seite die schnellste Ankunft des Glücklichen wünsche, den ein zärtlicher Vater, eine so reizende Braut, mit offenen Armen erwarten, so sehr wünschte ich auf der andern, Verzögerung seiner Ankunft, Verlängerung unserer Geschäfte. Und das ist gewiß sehr eigennützig von mir, weil ich dadurch des Glücks theilhaftig würde, Euch, schönstes Fräulein, länger hier zu sehen.

Duarte (vor sich.) Was will er damit sagen?
Aschraf (vor sich.) Welchen Sturm befürchte ich!

C   Saffar.

Saffar. Und Ihr habt für all das nicht einmal eine einzige kleine, verbindliche Antwort? — Aus Euerm Munde würde sie mich für weit mehr, als diesen, Eurer Schönheit schuldigen Tribut, belohnen.

Brianda. Besäß ich alle diese Verdienste in so hohem Grade, als sie die Gnade eines verehrungswürdigen Königs mir beilegt, ich wär in der That mehr wegen seiner herablassenden Güte, als um schlechte Worte eines Dankes verlegen.

Saffar. Eben so geistreich, als schön!

Aschraf (vor sich.) O! Saffar! Saffar!

Saffar. Schweigend oder redend, immer gleich entzückend!

Vierter Auftritt.

Vorige. Gomaro.

Gomaro.

So eben, als ich mein Roß besteigen wollte, nach dem Fort mit Euerm Briefe zu eilen, kam ein Bote des Statthalters, mit einem Briefe an Euch, an.

Duarte. Erlaubt, daß ich ihn spreche!

Saffar (macht ein Zeichen der Genehmigung.)

(Duarte geht mit Gomaro, Brianda, Rinaldo und den Offizieren, ab.)

Fünfter Auftritt.

Saffar. Aschraf.

Saffar (sieht Brianden nach. — In Bewegung.)
Sie geht! — sie geht, Aschraf! sie läßt mich in einer Bewegung zurück, die mich unfähig macht, etwas anders, als Sie zu denken! — Ich glaubte Zorabinen zu lieben; ich habe sie nicht geliebt. Ihr Bild ist so schnell aus meinem Herzen verschwunden, und das reizende Bild der Portugiesin thront in demselben mit unumschränkter Macht.

Aschraf. Mein Herr, mein König! was sprichst Du?

Saffar. Ich liebe sie.

Aschraf.

Aſchráf. Die Braut des Sohnes des Mannes, den Du Freundſchaft und Sicherheit verſprachſt?

Saffar. Wie wenig war er um die Sicherheit meines Herzens beſorgt!

Aſchráf. Du biſt ungerecht! Sie verbarg ihr Geſchlecht, Du hörteſt davon, Du haſt es entdeckt, und beſchwerſt Dich über das, was Du ſelbſt thatſt.

Saffar. Ach! wer vernünftelt, wenn er liebt? — Ein einziger Blick hat mich um meine Ruh gebracht!

Aſchraf. Er galt nicht Dir.

Saffar. Er hat mir all mein Nachdenken geraubt —

Aſchraf. Wird Dich doch nicht vom Pfade der Tugend ziehen?

Saffar. Was weis ich, wie weit es mit mir kommen wird!

Aſchraf. Würdeſt Du eines Weibes wegen Deine Zuſage brechen? die Dir immer ſo heiligen Verſprechen, und die Rechte der Gaſtfreiheit, verletzen? — Nein! das thut Saffar nicht!

Saffar.

Saffar. Aschraf! Aschraf! Du bauß auf meine Tugend, aber Du läßt mein Herz aus dem Spiel!

Aschraf. Dein Herz ist keiner unedlen Empfindung fähig! Die Portugiesin ist versprochen; sie liebt, und wird geliebt.

Saffar. Auch von mir geliebt!

Aschraf. Und Du wolltest selbst thun, was Du an Francesko bestrafen willst?

Saffar. Ach! muß ich denn mein Innres vor meinen eigenen Blicken verbergen? Ich zittre vor der seeligsten Empfindung, die je mein Herz belebte. Ist der Weg der Glückseligkeit so nahe bei der Bahn des Lasters? — Meine Strenge gegen Francesko bestraft mich selbst, spricht mir mein eigenes Urtheil! — Hätte ich mich nicht von seiner Treulosigkeit überzeugt, ich glaubte Zorabinen noch zu lieben; und würde ich auch getäuscht, ja wären sie auch entflohen, ich wär doch sicher gewesen, mein Herz nicht zum Verräther meiner Grundsätze zu machen, empfänd nicht die schrecklichen Qualen des Kampfes zwischen Edelmuth und Liebe; meine Empfindung hätte mich nie auf Abwege geleitet, zwäng

mich

mich nicht zu Gedanken, vor welchen ich selbst erröthe. — Ich wollte mich von der Gewißheit des fremden Lasters überzeugen, und sehe in einen Spiegel, aus welchem mir mein eigenes Bild entgegen schaut. — Aschraf! Du hast mir gerathen, mich zu überzeugen; durch D e i n e n Rath wurde mein Herz frei, um einem andern Eindrucke offen zu stehen. O! ihr Höflinge seyd gefährliche Leute! Honig wollt ihr uns reichen, und Wermuth liegt in der Schale.

Aschraf. Du klagst mich an, und solltest Dich selbst anklagen. Ich handelte nach meiner Pflicht, ich kann meine Handlung vor der ganzen Welt verantworten. Du handelst nach Eindrücken Deiner Leidenschaft, und kannst Deine Handlung nicht v o r D i r selbst verantworten.

Saffar. O! daß ich lieben könnte, wie meine Vorfahren liebten, wie meine königlichen Nachbarn lieben! o! daß mein Herz nicht bei meiner L i e b e seyn müßte! daß ich diese innre, zärtlichere Empfindung ersticken, und sie mit gröberm Sinnengenuß bei Sklavinnen im Serail austauschen könnte! wer würde mir den Ruhm streitig machen: er ist

ein

ein tugendhafter Fürst!? aber so! — ach! dieß Herz tritt zwischen meine Tugenden — eine unübersehbare Klippe! sie zu übersteigen, Muth zu haben, mit Gefahr des Lebens hinaufzuklimmen — in mir ist kein Gefühl dafür. Leidenschaft kämpft mit meiner Tugend, Liebe mit meinem Edelmuth. — O! hat wohl ein Erdensohn diesen gefahrvollen Kampf mit Ruhm bestanden? nie! — nie! — Liebe ist Ehrgefühl, Empfindung ist Tugend.! (geht mit raschen Schritten nach der Thür. Dort bleibt er schnell stehen, sieht auf Aschraf, und kehrt langsam zurück.) Aschraf! Du läßt mich gehen? siehst ruhig dem ehrlosen Gaukelspiele zu, das ich beginnen werde? Ist die Freundschaft keine Stütze der Tugend mehr, so wirf die morschen Krücken weg, und laß dem empfänglichen Herzen seinen unbedachtsamen Lauf!

Aschraf (fällt nieder.) Willst Du die Stimme der Freundschaft hören?

Saffar. Sie krieche nie um mein Ohr.
(hebt ihn auf.)

Aschraf. Krieche nicht selbst um den Thron Deiner Leidenschaften, errichte feilen Empfindungen keinen Altar auf Unkosten Deines edlen Herzens. Uebertäube Dein Gefühl nicht mit dem bulerischen Weihgesange des Lasters, und bestimme Deine edlen Empfindungen nicht zu d.m Opfer auf diesem schändlichen Altar. — Sind das die hochgerühmten Lehren der Weisheit, die Dir Dein Lehrer gab? so mache ihn zum ersten Opfer Deiner Wuth. Aber sie sind es nicht! es ist der Sirenengesang Deiner Begierden, welche schmeichelnd ihre Sklaven in schändliche Fesseln schmieden. Meinst Du, es wären Rosenbanden? Es sind eherne Ketten für ihre Leibeigenen, die zu spät ihren Irrthum bereuen. Willst Du verdienen, Fürst, der größte Mann unter Deinem Volke zu seyn, so sey ein Weiser, und schmücke Dich mit den errungenen Lorbern der Tugend. Sonst steige herab von Deinem Throne, auf welchem Dein Volk einen Lasterhaften anbetet, vertausche Dein Diadem mit dem Bulerkranze eines Weichlings. — Du hast die Freundschaft aufgefordert; so spricht sie. (geht.)

Saffar. Aschraf! Aschraf! Du willst mich bei dem gefährlichen Scheidewege verlassen? — Komm, reiche mir freundschaftlich Deine Hand, und stärke mich

mich mit kühner Stimme in dem großen Kampfe mit Liebe und Tugend.

Aschraf. Ich würde Dich verlassen, setzte ich weniger Werth in die Größe Deines Herzens. Ich komme zurück, um Dich zu fragen: was willst Du thun?

Saffar (geht mit sichtbarer Bewegung, im innern Kampfe umher.) Aschraf!

Aschraf. Was willst Du thun?

Saffar. Ich will —

Aschraf. Was willst Du?

Saffar. Nein! nein! — o! wie ungleich ist dieser Kampf! er wird mein Leben kosten!

Aschraf. Ist dieses Leben ein zu großer Kampfpreis gegen Ehre und Tugend?

Saffar. Sag dem Gesandten — er soll seine Gefährtin meinen Blicken entziehen — ich will sie nicht wiedersehen —

Aschraf. Ich eile —

Saffar (hält ihn zurück.) Nein! sag es ihm nicht,

nicht — es könnte ihn beleidigen. Ich will die Gelegenheit, sie zu sehen, selbst vermeiden. Ich will — o! Gott! was kann ich wollen, das ich thun könnte!

(ab.)

Sechster Auftritt.

Aschraf. (hernach) **Khoja.**

Aschraf.

Es ist umsonst! seine Leidenschaft ist heftiger, als ich vermuthete. Doch verzweifle ich noch nicht an seiner Rückkehr. — Francesko's Urtheil muß das gute Werk vollenden, oder ein Beispiel hat noch nie in eigenen Fällen gewirkt — Khoja!

Khoja (tritt ein.)

Aschraf. Bringe Francesko hieher.

(Khoja ab.)

Siebenter Auftritt.

Aschraf. Duarte. Rinaldo.

Duarte.

Laß mich den gefangenen Portugiesen sprechen.

Aschraf. Es ist so eben Befehl gegeben, ihn hieher zu bringen.

Duarte. Ich muß eilen, dem Statthalter sein Regiment abzunehmen, wenn ich neue Ungerechtigkeiten verhüten will. Nicht ein Wort schreibt er von meinem Sohne. — Er soll seine Braut im Fort umarmen.

Aschraf (vor sich.) Glücklicher Gedanke! (laut) So recht! ist Dein Entschluß noch nicht fest gefaßt, so wünschte ich Dich selbst in demselben befestigen zu können. Die Friedensunterhandlungen können aufgeschoben, ein Waffenstillestand kann einstweilen eingegangen werden. —

Duarte. Ich rechne auf Deine Vorsprache bei Deinem Könige. (vertraut, edel und gutherzig.) Ich entdecke mich einem rechtschaffenen Manne.

Aschraf.

Aschraf. Deinem Freunde! (drückt ihm die Hand) Ich weis, was Du sagen willst.

Duarte. Die Braut meines Sohnes —

Aschraf. Hat Eindruck auf den König gemacht.

Duarte. Also habe ich mich doch nicht geirrt?

Aschraf. Sein Gemüthszustand ist fürchterlich.

Duarte. Himmel!

Aschraf. Rette sie, Dich, ihn selbst, ehe die Verrätherin Leidenschaft auf Unkosten seiner Tugend erwacht.

Duarte. Ich danke Dir! —

Aschraf. Das Herz hat Stunden, in welchen es von bösen Gesellschaftern umgeben ist. Dann kömmt Freundes Rath zu spät.

Duarte (umarmt ihn.) Der Himmel belohne Deine Tugend.

Aschraf. Ihr Verdienst wurde ihr selbst gegeben. Ihr Lohn ist Bewußtseyn.

Achter Auftritt.

Vorige.   Francesko (gesessen.)   Khoja.
            Wache.

Rinaldo.

Der Portugiese kömmt!

Aschraf (zu Francesko.) Hier ist Dein Richter.

Duarte. Näher! — Furchtsam schleicht nur der Schuldige, der Edle geht mit festem Tritt seinem — Gott!

Rinaldo. Francesko!

Francesko. Mein Vater!

Duarte. Es ist mein Sohn!
            (fällt Aschraf und Rinaldo in die Arme.)

Francesko (stürzt vor ihm nieder.) O! mein Vater! mein Vater!

─────────

Drit-

Dritter Aufzug.

Saal.

Erster Auftritt.

Saffar. Aschraf.

Aschraf.

Betrügst Du Dich nicht selbst? Untersuche Dich, und beantworte mir diese Frage.

Saffar. Kann er wohl beide lieben?

Aschraf. Die ältern Rechte auf sein Herz, gehen vor. Er liebte nur eine andere, weil er glaubte, die Hoffnung auf den Besitz der erstern aufgeben zu müssen. Die Umstände haben sich geändert, die Hindernisse sind gehoben, Brianden seine Hand zu reichen, wenn Du ihm das Leben schenkst.

Saffar.

Saffar. Sein Vater hat das Urtheil nicht widerrufen.

Aschraf. Er giebt einen Beweis der unerschütterlichen Tugend eines Mannes, der unsere Achtung verdient, weil er das Laster, selbst mit Verlust seines einzigen Sohnes, bestraft wissen will. Fühlst Du das Große seines Betragens, siehst Du, wie lobenswerth es ist, edel zu handeln, so suche ihm gleich zu werden. Nicht allein Dein Land halle wieder von dem Freudenrufe: Saffar ist ein gerechter, ein edler, tugendhafter König! — denn den Lippen Deiner Unterthanen könntest Du dieses Jubelgeschrei auch mit dem Schwerde entpressen — sondern ein fremdes Volk, das sich nicht unter Dein Szepter beugt, gebe Dir ein unverdächtiges Zeugniß Deines Edelmuthes, welches Dir mehr werth seyn muß, als das Staubgewinsel Deiner Unterthanen, die Dein Schwerd fürchten, indem sie Dein Szepter küssen.

Saffar (wirft sich nachdenkend auf ein Sofa.)

Aschraf. Es ist göttlich gros, nicht allein der Erste an Macht, sondern auch der Erste an Tugend unter einem Volke zu seyn. — Bedenke, was Du
seyn

mußt, wenn Du werden willst, was Du bei dem Antritt Deiner Regierung, bei Uebernehmung Deines Septers, zu seyn versprachst. — Brianda will Dich sprechen.

(ab.)

Zweiter Auftritt.

Saffar.

Sie will mich sprechen? (springt auf) — was soll ich ihr sagen? — Darf ich es wagen, mir es selbst zu gestehen, was ich ihr zu sagen wünschte? — O! es war eine Zeit, wo ich die ganze Welt zum Richter über meine Handlungen, zu Zeugen meiner Gesinnungen, aufrufen konnte! wo ich mich allen zur Schau stellen, und der Tugend selbst frei in die Augen sehen durfte! — Und diese Zeit wär vorüber? vorüber, ohne wiederzukehren? — Ein einziger böser Augenblick könnte das E n t z ü ck en der Menschen über alle meine guten Handlungen in A b s ch e u verwandeln? das ist schrecklich! — eine einzige unvollkommene Handlung verwischte all die edlen Thaten auf der strengen Rechnungstafel

der

der Tugend? — Und dieses Schuldbuch liegt offen vor den Augen eines jeden meiner Unterthanen, denen ich ein Beispiel der Nachahmung seyn soll! liegt offen vor den Augen aller, die mich kennen, und nicht kennen!

Dritter Auftritt.

Saffar, Brianda (in weiblicher Tracht ihrer Nation.) — (Hernach) Khoja.

Brianda.

Unerbittlich ist Francesko's Vater. Du allein kannst das schreckliche Urtheil mindern, ihm und mir das Leben retten, und Du wirst es thun!

Saffar. Du bittest um das Leben eines Ungetreuen?

Brianda. Dem ich getreu blieb.

Saffar. Du sollst Zeugin seiner Zärtlichkeit gegen Zorabinen seyn. — Khoja!

Brianda. Ich liebe ihn!

Khoja (tritt ein.) Herr? —

Saffar. Man führe Francesko und Zorabinen hieher, sich zum letztenmal vor ihrem Tode zu sprechen.

(Khoja ab.)

Brianda. Ich hörte, ehe ich nach hieher kam, viel von Deiner Grosmuth — der Ruf von Deiner Seelengröße, bestärkt durch viele erzählte Beyspiele, drang bis nach Portugall —

Saffar. Man schmeichelt mir, weil ich ein König bin!

Brianda. Die Art, wie Du uns empfängst, entzückte mich —

Saffar (schnell.) Entzückte Dich?

Brianda. Aber jetzt — (sieht ihn starr an.)

Saffar (verlegen.) Was kann es Dir helfen, wenn ich Francesko das Leben schenke? Seine Liebe erhält ihn für Zorabinen. (gefaßt) Mich selbst verbindet die Pflicht, begnadige ich ihn, seine Hand in Zorabinens Hand zu legen. Er hat ihr ewige Liebe geschworen. — Glaubst Du, man spielt mit Eiden

und

und Versprechungen ewiger Treue bei mir so ange-
kraft, wie in Euerm Lande.

Brianda. Wohl oft brach bei uns leichtsinnig
ein Jüngling den Schwur der Liebe, ein Mädchen
vergaß das gelobte Versprechen ewiger Treue. Man
freit bei Euch nicht wie bei uns, man liebt
hier nicht wie bei uns —

Saffar. Ich könnte das Gegentheil Dir leicht
beweisen.

Brianda. Laß Mädchen und Jünglinge Schwüre
brechen, und sich mit heiligen Versicherungen ewiger Treue täuschen. Dies Herz blieb dem Geliebten treu. Es schlägt nur für ihn, wird ewig
für ihn schlagen. Kein fremdes Bild stiehlt sich
in dieses Heiligthum der Liebe, kein unedler Gedanke
entweiht es. — Ich liebe meinen Francésko —
ach! mit welcher Zärtlichkeit! und sollte ich nicht
für sein Leben bitten?

Saffar. Sein Leben, ist Deiner Liebe Tod.

Brianda. Nie kann meine Liebe sterben, denn
sie ist rein und ewig wie meine Seele.

D 2 *Saffar.*

Saffar. Ach! Brianda! —

Brianda. O! Francesko! wie innig liebe ich Dich! nie kann man Dir meine Liebe entreissen. Ihn glücklich zu sehen, ist das Ziel meiner Wünsche, sein Leben zu retten, ist mein heißestes Flehen.

Saffar. Du rettest ihn für eine beglückte Nebenbulerin!

Brianda. Erhälte Ich nur sein Leben? —

Saffar. Sein Betragen muß Dich kränken. Wie schwer hat er Dich beleidigt!

Brianda. Er hat mich nicht beleidigt. — Die Unmöglichkeit, welche ehemals sich zwischen unsre Vereinigung drängte, gab ihm Recht und Freiheit, sein Herz einer andern zu schenken. Drei lange Jahre hat er umsonst gehoft und geduldet, kein Hofnungsstrahl belebte ihn. Er fand ein liebendes Herz — er werde glücklich durch Zoradinens Besitz.

Saffar (vor sich.) Es ist alles verloren! — — (laut.) In diesem Nebenzimmer höre seine Unterredung mit Zoradinen an.

Brianda.

Brianda. Und Du willst ihm das Leben schenken?

Saffar. Ach! Brianda! welch' eine reizende Vorsprecherin hat der glückliche Francesko an Dir!

Brianda. Liebe ist seine Vorsprecherin.

Saffar. Du willst ihn glücklich sehen? mit Zoradinen vereinigt, glücklich sehen? — Ich bewundere Deine edlen Gesinnungen, und hätte mein Herz nichts bei Deinem An b l i ck empfunden, es müßte von Deiner D e n k u n g s a r t entzückt seyn!

Brianda. Vermag mein Bitten etwas bei Dir, so mache mich nicht so unglücklich, den Ewiggeliebten dieses Herzens, des kummervollen Vaters einzigen Sohn, bluten zu sehen.

Saffar. Du hätteſt Dich über Meere gewagt, um das f r u c h t l o s e Ziel Deiner Reise zu sehen? Nein! Du darfst nicht zurückgehen, ohne einen Lohn zu erhalten, welcher Deiner würdig iſt. — Die Krone meines Reichs lege ich Dir zu Füßen. Verschmäh dies armselige Geschenk nicht, mein H e r z iſt dabei. Sey Herrscherin von mir und meinem Reiche!

Reiche! — Kannst Du mich lieben, so ist Franceska gerettet. Dies ist der Preis, um welchen ich ihm sein Leben schenke.

(ab.)

Vierter Auftritt.

Brianda.

Meine Liebe, der Preis Deines Lebens, Francesko? wie theuer war es erkauft! — Kann man auch Empfindungen des Herzens zu tauschender Zahlung machen? o! Menschen! Menschen! was stempelt euer Eigennutz nicht zu Gelde? habt ihr keine edleren Vergleichungen, als Tausch und Gold? wiegt ihr Freuden des Lebens, selige Empfindungen, gleich dem glänzenden Metalle, einander so eigennützig auf der Goldwage, wie eure Dublonen, zu? — Und dieses Anerbieten that mir ein Mann, den man für ein Muster des Edelmuths und der Grosmuth hält. Wenn dies ein Muster ist, unglückliche Geschöpfe, die man Menschen nennt, o! so sichere ewige Blindheit mich, eure Abarten zu sehen!

(ab, in ein Nebenzimmer.)

Fünf-

Fünfter Auftritt.

Francesko, Khoja, Wache (von der einen,) Zoradine, Zosar, Wache (von der andern Seite.)

(Sie werden entfesselt.)

Zoradine (eilt auf ihn zu.)

Francesko! zum letztenmal sehen wir uns!

Francesko (umarmt sie.) Deine Liebe hat einen bessern Lohn verdient, als mit einem Unglücklichen, wie ich bin, zu sterben. — Willkommen ist mir der Tod —

Zoradine. Der mich mit Dir in bessern Welten vereint.

Francesko. Ach! Zoradine! Du kennst jetzt nichts, als die Größe Deiner Liebe, auf sie allein schränkt sich Dein Denken ein. Ach! daß auch ich so glücklich wär! — Du weißt nicht, welche Gefühle dieses Herz peinigen. Der Gesandte meiner Nation ist mein Vater.

Zoradine. Dein Vater!

Francesko. Den Vater, den ich viele Jahre nicht sah, erblickte ich als Richter. Ich eilte ihm zärtlich entgegen, und er sprach seinem einzigen Sohne das Todesurtheil. Er sties mich zurück — nennte mich einen Verräther, entzog sich meinen Blicken, und ließ mich verzweiflungsvoll allein. Die Banden der Natur sind zerrissen, Liebe und Verzweiflung theilen dieses Herz. — O! mein Vater! mein Vater! bin ich ein so großer Verbrecher, daß du deinem Sohne verächtlich die zärtliche Umarmung versagst? — Auch, Vaterliebe! flieht den Unglücklichen! wo soll er Theilnahme, wo Bedauern finden?

Joradine. Joradine liebt Dich.

Francesko. Unglückliche! rette Dein Leben. Wirf dem Könige Dich reuvoll zu Füßen, erhalte seine Gnade — laß mich allein sterben.

Joradine. Grausamer! sterben willst Du, und mich thränend zurücklassen? mich nicht mit Dir nehmen? — das sprach Dein Herz nicht! oder schlägt es nicht mehr für mich, seit ich uns glücklich bin? hast Du Deine Schwüre nur den

Freu

Freuden der Liebe, nicht auch ihren Leiden, geschworen? — — Du liebst mich nicht!

Francesko. Schwer liegt des Vaters Fluch auf diesem Herzen, und die sanften Empfindungen der Liebe weichen der schrecklichen Laſt der Stimme: "Du bist mein Sohn nicht mehr!" — Ach! ich verlor einen zärtlichen Vater, um einen unerbittlichen Richter zu finden! — Laß mich auch Deine Liebe verlieren; ich will gar nichts mehr beſitzen; ich will bettelarm dem Tode entgegen gehen.

Zoradine. Du willſt mein Herz von dem Deinigen reiſſen? es iſt umſonſt! Du willſt allein ſterben? ich laſſe Dich nicht, ich ſterbe mit Dir! — Francesko! iſt das kein Troſt für Dich, mit mir zu ſterben?

Francesko. Ich bin ſo unglücklich, daß ich keinen Troſt mehr haben mag. In Verzweiflung zu ſterben, das iſt mein Loos.

Zoradine (hängt ſich an ſeinen Hals.) Vergiß Deinen unbarmherzigen Vater, Dir folgt Deine Zoradine dahin, wo nichts ſie Dir entreißt.

Francesko. Zoradine! Deine Seele iſt größer, als

als die meinige! Du bist entschlossen, ich sage, Du hast Muth, ich zittre. Siehst Du es nicht, wie ich für dem Schreckbilde des Todes zurückbebe? Es ist keine Ehre, mit mir in den Tod zu gehen — laß mich Feigen allein sterben.

Jotadine. Das Band der Liebe ist stärker, als die Fessel des Todes, es knüpft Herzen und Seelen unauflöslich zusammen. — Stoß mich von Dir, ich komme wieder — verlaß mich, ich eile Dir nach; ich schlinge meine zitternden Arme treu um den Geliebten meines Herzens, ich athme seinen letzten Hauch, ich küsse sein brechendes Auge, ich folge ihm.

Francesko. Joradine! (zu Thränen bewegt) o Weib meines Herzens! —

Joradine. Mit Entzücken verschlingt meine Seele den Gedanken, Dir überall zu folgen, und auch im Tode Dich nicht zu verlassen.

Sechs-

Sechster Auftritt.

Vorige. Rinaldo.

Rinaldo (auf ihn zu eilend.) Freund!

Francesko (mit starrem Blick.) Kennst Du mich noch? kennt mich doch mein Vater nicht mehr.

Rinaldo. Wüßtest Du, was ich bei Deinem Schicksale empfinde! könnten Dich meine Thränen, mein Blut, mein Leben retten —

Zoraphine. Ein Freund beweint Dich, eine Geliebte folgt Dir, und Du gehst dem Tode nicht muthig entgegen?

Rinaldo. Nicht ich allein werde bei dem Grabe des Freundes weinen — Brianka —

Francesko (aufgeschreckt.) Brianka? — lebt sie noch?

Rinaldo. Sie lebt, und weint um Dich.

Francesko (bewegt.) Erfuhr sie mein Schicksal? wo lebt die Edle? wo athmet sie glücklicher, als ich?

Rinal-

Rinaldo. In diesen Mauern.

Francesko. Hier? (betäubt) hier? —

Rinaldo. Als sie ihre Tage im einsamen Kloster verweinte, weinte sie um Dich.

Francesko (zitternd.) Sie beweinte mein Schicksal?

Rinaldo. Ihre Familie wurde endlich von ihren Thränen erweicht. — Mit Deinem Vater kam sie hieher, Dich —

Francesko. Hieher? mich —?

Rinaldo. Als Braut Dich zu umarmen.

Francesko. Gott im Himmel!

Joradine. Sie will Dich mir entreißen? liebt sie Dich, wie ich Dich liebe? kann sie auch mit Dir sterben?

Francesko. Brianda! Brianda! (außer sich) Keinen Tropfen mehr in den Becher meiner Leiden! ich kann ihn nicht leeren.

Joradine (zu Rinaldo.) Mann! was habe ich Dir gethan, daß Du einer Unglücklichen den einzigen lieben Trost, allein geliebt zu seyn, so grausam in der letzten Stunde ihres Lebens entreißen will? — Glaube es nicht, Francesko! Sie wollen mich von Dir reißen, mir nicht das Glück gönnen, an Deiner Seite mein Leben zu endigen. Ihre Falschheit windet gleich Nattern sich um Dein Herz, es mit falschen Nachrichten zu vergiften. Dir soll ich entsagen, in die Arme des Königs mich werfen, Dich Deinem Schicksale überlassen —

Francesko (kommt zu sich.) So ist es!

Zoradine. Es ist umsonst! Ihre betrügerische Stimme erreicht mein Herz nicht. — Ich verlasse Dich nicht! —

Francesko. Rinaldo! — auch Du?

Rinaldo. Ich vergebe Dir Deinen Argwohn; Du bist unglücklich. — Der Unglückliche verkennt auch seine Freunde.

Francesko. Meinen Freund nennst Du Dich, und willst mein blutendes Herz mit falschen Nachrichten zerreißen? willst Zoradinen von mir trennen? mich allein und ohne Trost scheiden sehen?

Joradine (liebevoll, freudig.) Dies ist die Stimme meines Francesko! — ach! ich glaubte seine Liebe verloren zu haben. Nein! er liebt mich noch!

Francesko (umarmt und küßt sie.) Ewig! — ewig! Menschen sollen uns nimmer trennen!

Siebenter Auftritt

Vorige. Brianda (kömmt unbemerkt herein.)

Joradine (zu Rinaldo.) Geh und sage es Ihnen, die unsre Liebe beneiden, bewundern, aber uns nie trennen können. Heilige Empfindungen verbinden uns fest, auf ewig.

Francesko. Menschen zerreißen die Banden dieser Liebe nicht!

Brianda (tritt hinter beide.) Glücklich sey Eure Liebe!

Francesko. Gott! (stürzt in Rinaldo's Arme.) Brianda!

Joradine (wehmüthig.) Willst Du uns trennen? (rasch und gefaßt) Nein! das kannst Du nicht!

Brianda,

Brianda. Ich werde Euch glücklich sehen! — (zärtlich) Francesko! Du haſt keine Schuld; Dein Herz iſt rein. Ich würde Zorabinen und Deine Liebe beneiden, ſtünd es nicht in meiner Macht, Euch glücklich zu machen. (führt Zorabinen zu Francesko.) Dieſe Edle iſt Deiner Liebe werth. — Ich bin nicht gekommen, Dich zu beſchämen, Ich eile, Dich zu retten. Mein Herz behält ſeine alten Rechte, und vertauſcht ſie um nichts in der Welt. Zorabine liebt Dich, wie nur noch ein Weib auf Erden Dich lieben kann. Sie entſagt hienieden allen Freuden der Liebe. Dieſe liebevolle Aufopferung verdient Belohnung. — (mit Bedeutung, und Gefühl; in ſichtbarem Kampfe) Was Zorabinens Liebe für Dich thun wollte, weißt Du, erwarte, was Briandens Liebe für Dich thun wird — dann entſcheide, wer Deiner Liebe noch würdig war!

(ab.)

Ach.

Achter Auftritt.

Zorabine. Francesko. Rinaldo. Khoja. Zofar. Wache.

Francesko.

Brianda! Brianda! (will ihr nach.)

Rinaldo (hält ihn zurück.) Francesko!

Francesko. Was will sie thun?

Zorabine (entschlossen.) Was kann sie für uns thun, das nicht auch Zorabine für Dich und sie thun könnte? — Nicht Brianden verdanke die Liebe ihren Trümf; Zorabine sey ihr Siegesgeschrei, wenn sie Euch glücklich sieht!
(ab. — Ihr folget Zofar mit einer Hälfte der Wache.)

Neunter Auftritt.

Francesko. Rinaldo. Khoja. Wache.

Francesko (nach innerm Kampfe.) Dein Schwerd!

Rinaldo.

Rinaldo. Francesko!

Francesko (mit heftiger Bewegung.) Dein Schwerd! (fäut nieder). Bist Du mein Freund? gieb mir Dein Schwerd! retten will ich Brianden und Zorablnen.

Rinaldo (hebt ihn auf.) Was willst Du thun?

Francesko (in halber Wuth, zitternd.) Nichts! — nichts! — ich will ja nur die Weiber retten! — Dein Schwerd! — sie sind verloren, wenn ich ihren Bemühungen nicht zuvorkomme. Ich ahnde alles! Rette mein Andenken von der Schmach, daß Weiber mein Leben erkauft haben. Laß mich nicht diese Kränkung erfahren! — gieb mir Dein Schwerd! und man sage: er starb als ein tapferer Portugiese, ohne sein Leben dem Flehen und Liebkosen der Weiber zu verdanken. (sucht sich seines Schwerdes zu bemächtigen.)

Rinaldo (reißt sein Schwerd ab, und wirft es Khoja zu, der es aufnimmt.) Kein edler Portugiese stirbt so!

Francesko (bitter.) Aber durch Henkers Hand? oder, er verdankt sein Leben Weiberaufopferungen! o!

E der

der Schande! daß auch Du Dich einen Portugiesen nennst! — Ein feiges Herz schlägt in Deinem Busen! — Du kannst nie als Mann sterben!

(ab. — Die andern folgen ihm.)

Rinaldo (sieht ihm nach.) Retten wird Rinaldo seinen Freund, und sollte es sein eigenes Leben kosten!

(eilig ab.)

Vierter Aufzug.

Zimmer.

Erster Auftritt.

Saffar. Aschraf.

Aschraf (geht nachdenkend umher.)

Saffar (ihn fixirend.) Du bist nicht zufrieden mit mir!

Aschraf. Nein! — — ich kann es nicht seyn.

Saffar. Francesko liebt Zeradinen, — er liebe sie! Ich liebe Brianden, und das machst Du mir zum Verbrechen?

Aschraf. Er handelte treulos an Dir und Brianden, und Du willst Briandens Liebe erstehen.

Saffar.

Saffar. Wenn ich den Treulosen bestrafe, wird Brianda seinen Tod überleben? werde ich sie nicht unglücklich machen? so, oder so!

Aschraf. An Einwendungen wird es Dir nie fehlen.

Saffar. Gesetzt, ich verzeihe ihn, wird ihn sein Vater nicht haffen müffen, da er so gerecht denkt?

Aschraf. Er ist Vater, sobald Du ihn der Nothwendigkeit überhebst, Richter zu seyn.

Saffar. Auch das! — Wird ihn Brianda ferner lieben?

Aschraf. Warum nicht?

Saffar. Macht seine Liebe Brianden glücklich, so ist Zorgdine unglücklich. Beglückt sie Zoradinen, wird Brianda glücklich seyn? — Welche von beiden wird groß gnung denken, seiner Liebe zu entsagen?

Zwei-

Zweiter Auftritt.

Vorige. Zorabine.

Zoradine (stürzt herein.)

Zorabine!

Saffar (außer Fassung.) Du wolltest —?

Zoradine (wirft sich nieder.) Schenke Francesko das Leben, vereinige ihn mit Brianden, und laß mich allein sterben.

Saffar. Der Tod ist Dein Wunsch? wahr! was wolltest Du noch in einer Welt, in welcher für Dich alles verloren ist!

Zoradine. Du sollst mir keine Wohlthat erzeigen. Ich will auch leben, Deine geringste Sklavin seyn, Ketten zeitlebens tragen, wenn Du glaubst, Du könntest mit dem Tode mich beglücken. Ich will gern unglücklich seyn, wie Du mich auch bestrafen willst, wenn ich ihn nur glücklich weis, den Einzigen, den ich liebe.

Saffar.

Saffar. Und mich willſt Du unglücklich ſehen?

Zoradine. Genügt Dir meine Liebe, wie ich Dir ſie geben kann, ſo nimm auch dieſe. Francesko's Leben erkaufe ich um keinen Preis zu theuer.

Saffar. Alles ſtürmt mit Bitten, mit Moralen, mit Thränen, Sentenzen und bittern Lächeln über meine Schwachheit, auf mich hinein!

Aſchraf. Höre die Stimme Deines Freundes!

Zoradine. Die Stimme des unglücklichen Mädchens zu Deinen Füßen! laß ihre Thränen Dich erweichen; ſey ſo gütig, als Du gerecht biſt. — Ich habe nichts als dieſe Thränen, ſie ſind der Liebe Perlenſchatz —

Saffar. Ihr ſchämt Euch nicht einmal, mein Herz gegen falſche Empfindungen in Anſchlag zu bringen! ihr wollt mir Liebe rauben, und Schmeicheleien zum Erſatz bieten? ihr ſeyd betrügliche Käufer! — Reißt Briandens Bild und die Eindrücke deſſelben aus meinem Herzen, dann ſpielt mit der Puppe, wie ihr wollt. — Ihr habt mich alle betrogen, Ihr wollt mich noch be-
trü-

trügen, und ich soll mich behandeln lassen, wie
Eure Laune will? Nein, wahrlich nicht! Ihr
seyd ungerecht, und wollt mich der Ungerechtigkeit
beschuldigen. Ich liebe, Ihr wollt mich zum
Verbrecher machen, habt selbst keine Entschuldi-
gung, als Liebe; und doch soll ich diese für
gültig erkennen. Ihr möchtet mich gern ganz
berauben, und ich soll Euerm Raube noch Ge-
schenke zufügen. Ungerechte! richtet erst über
Euch selbst, dann verdammt mich!

(ab.)

Dritter Auftritt.

Zorabine. Aschraf

Zorabine (steht auf.)

Es ist umsonst! —

Aschraf. Prinzessin! sagt Dir Dein Herz
nichts?

Zorabine. Es schlägt für Francesca.

Aschraf. Ist es nicht Dein eigener Ankläger?

Zoradine. Meine Liebe kann keinen Ankläger haben.

Aschraf. Zwangen Deine Handlungen nicht den König zu diesen Schritten?

Zoradine. Meine Liebe hat gegen den König keine Verbindlichkeit.

Aschraf. Wurdest Du behandelt, wie eine Gefangene, deren Bruder bundbrüchig wurde?

Zoradine. Wer kann mir die Handlungen meines Bruders zurechnen? Mein Bruder hatte kein Recht dazu, mich zum Unterpfande gebrechlicher Versprechungen mit königlicher Politik aufzuopfern.

Aschraf. Du warst in der Gewalt des Königs.

Zoradine. Hätte er mir mein Leben eher geraubt, so kostete es nicht jetzt auch das Blut meines Francesko!

Aschraf. Der König begegnete Dir so gnädig! verschaffte Dir, Deinem Stande gemäs, alle Bequemlichkeiten des Lebens. Er gab sogar Deinen

Lau-

Launen nach. — Er bot Dir Hand und Krone an. Was hätte er noch thun sollen?

Joradine. Mir ein Herz geben, das Ihn geliebt, das nicht für Francesko geschlagen hätte.

Aschraf. Wer kann mit Euch Weibern philosophiren! Eure Entschuldigungen sind eben so sonderbar als Eure Launen.

Joradine. Deine Mutter war auch ein Weib, und hat Dich mit einer von den sonderbarsten weiblichen Launen geboren.

Aschraf. Daß ich mich mit einem verliebten Weibe stritt! — Ihr seyd seit Anbeginn der Welt der große Zankapfel gewesen, welcher zwischen Herz und Pflicht, zwischen Tugend und Edelmuth geworfen wurde.

Joradine. Dein Eifer führt Dich zu weit. Du sprichst leidenschaftlich, ich verzeihe Dir, was Du sprichst; ich liebe leidenschaftlich, verzeih mir, was ich Dir zu sagen habe. — Die Liebe des Königs zu mir, war die Liebe eines Königs zu einer Sklavin, wozu sie Euer Kriegsrecht, nach Eurer Meinung, gemacht hätte; er wollte ihr einen Purpurmantel umwerfen, um seiner **Krone** kein Aergerniß zu geben, wenn seine Sinnen befriedigt seyn wollten. — Oder weiß ich nicht, wie die Regenten bei uns zu lieben pflegen?

Aschraf. Du solltest seine erste Gemalin seyn.

Joradine. Seine erste Gemalin; ein stolzer Titel! — So lange er keine andere dieses Ranges würdig hielt, seine erste, aber nie seine einzige, nie die, die ein ungetheiltes Herz besitzt.

Aschraf. Was berechtigt Dich, andere Forderungen zu thun, als die Weiber unsers Landes thun dürfen?

Joradine. Dieses Herz. — Oder rechnest Du auch des Weibes Herz zu seinem Schmuck, damit zu wechseln, ihn zu verändern, wie Laune und Sitte es wollen? Ihr habt hier sonderbare Meinungen von dem weiblichen Geschlechte. Unser Gesicht, unsern Wuchs, Fuß, Hand und Augen, wißt Ihr zu schätzen, aber Ihr vergeßt, daß wir einen Schatz besitzen, welcher sich nicht von Männern mit Euern Begriffen, schätzen läßt. Wenn ihr die Summe

Eurer

Eurer künstlichen Berechnung zieht; so fehlt Euch ein Hauptposten, unser Herz.

(will gehen.)

Vierter Auftritt.

Vorige. Don Duarte.

Zoradine (bleibt Duarte fixirend, stehen.)

Duarte (geht, sie betrachtend, auf Aschraf zu.) Ist das —

Aschraf. Die Prinzessin Zoradine.

Duarte (sieht zur Erde, dann gen Himmel, faltet die Hände, und läßt seinen Blick wieder sinken.)

Zoradine (geht zurück, und naht sich ihm.) Bist Du der Gesandte der Portugiesen?

Duarte. Der bin ich.

Zoradine (mit bebender Stimme.) Warst Du nicht der Vater meines Francesko? — (zärtlich) Warum willst Du es nicht mehr seyn?

Duarte.

Duarte. Er hat mich und sich durch seine Handlung entehrt.

Zoradine. Entehrt die Liebe zu mir, so klage auch den König dieser uneblen Handlung an.

Duarte. Nicht seine Liebe zu Dir, seine Verrätherei an seinem Herrn, sein treuloser Undank an seinem Wohlthäter, entehrte ihn.

Zoradine. Seinen Wohlthäter nennst Du ihn? wollte der Mann ihm nicht sein Liebstes, mich, entreißen?

Duarte. Entreißen? hatte er mehr Recht auf Deine Liebe als sein Herr, der Dich und ihn so übel behandelte?

Zoradine. Er hatte es.

Duarte. Wer gab es ihm?

Zoradine. Seine Liebe, die meinige; sein Herz, das meinige; ich und der Himmel. — — Ist Dir das nicht genug? was verlangst Du mehr?

Duarte. Nichts! — (stolz) gar nichts!

Zoradine. Du willst Deinen einzigen Sohn aus
Dei-

nem Herzen verbannen? kannst Du es, oder giebst Du nur vor, es zu können? Du selbst sprachst sein Todesurtheil?

Duarte. Ich selbst.

Jorabine. Du willst ihn nicht mehr Sohn nennen? Du bist grausam! — Wohl mir, daß ich Dein Kind nicht bin! — Du willst ihn nicht den letzten Trost, den Besitz Deiner Liebe, mit in das Grab geben? er soll in Verzweiflung sterben? — Du bist kein V a t e r! (nimmt seine und Aschrafs Hand) Hier ist Dein Freund. Der Mann wird Deine Weisheit loben, und Du verlierst einen Sohn, den er nicht verliert. Er wird Dir sagen, daß es Männer gab, deren Herz noch gefühlloser war, als das seinige, und daß man sie mit Bewunderung: Weise nennt. Fräg ihn, was die Menschheit durch ihre Thaten gewann? er wird Dir hundert ihrer hinterlassenen Sentenzen vorsagen, und Dir ihre Begebenheiten erzählen; aber es wird nicht eine darunter seyn, die Deinen Augen eine einzige Thräne des innern Mitgefühls entlocken könnte. Ich will Dir auch ihre großen Handlungen erzählen: Sie suchten ihr Gefühl zu übertäu-
ben,

sen, sie hielten es für Schande, zärtliche Väter, theilnehmende Freunde zu seyn, und Liebe kam nie in ihr unglückliches Herz. — So ein Mann ist dieser Freund des Königs und der Weisheit. Er kannte nie die Gefühle, die Freuden des Vaters, jede Empfindung dieser Art war seinem Herzen fremd.

Duarte. Prinzessin!

Joradine. Sein Herz ist das Denkmal Deiner großen Handlung. Er errichtet es Dir auf Unkosten Deines unterdrückten Gefühls. Ein herrliches Denkmal! vor welchem der Wanderer schaudernd vorüber gehen, und den Lauf seiner Thränen hemmen wird, bis er vorüber ist.

Duarte (sucht seine Empfindung zu verbergen.) Du thust mir Unrecht!

Joradine. Ich Dir Unrecht? so that es auch der Himmel, daß er Dir einen Sohn gab, und Dir Dein gefühlloses Herz ließ.

Duarte. Besser, keinen Sohn, als einen ehrlosen Sohn zu haben.

Joradine. Ehrlos? Francesko's Ehre ist unverletzt, ist rein wie sein edles Herz. Das, was Ihr Ehre nennt, das Verbrechen, dessen Ihr den Unglücklichen beschuldiget, nennt auſſer Euch niemand so, dem warmes Blut in den Adern rollt. — Sein Verbrechen ist, daß er mich liebt; mich die Ihr als Eigenthum des Königs anseht, der seine Wunden heilen ließ, der sein Leben rettete, um es ihn auf eine weit grausamere Art zu rauben. Aber wer machte mich zum Eigenthum des Königs? — Kein Mensch hat das Recht, über mein Herz zu gebieten, als ich. Ich schenkte es Francesko, und er ist kein Verbrecher. — Du bist ein unglückseliger Mann! machst Deinen eigenen Sohn zum Verbrecher, um den Höflingen ein Possenspiel voll Heroismus zu geben. Wie schlecht gehst Du mit den Geschenken des Himmels um, deren Werth Du nicht erkennst! Klage ihn an, daß er Dir einen Sohn gab; er wird Dich anklagen, daß Du so grausam warst, ihn zu verstoßen. — Francesko! keine Vaterthräne folgt Dir, aber ein Herz voll Liebe, eine Geliebte; das Mädchen eines fremden Landes ist Dein, im Leben und im Tode!

(ab.)

Fünf.

Fünfter Auftritt.

Aschraf. Duarte.

Duarte (sucht seine Wehmuth zu unterdrücken.) Warst Du Vater? (mit zitterndem Tone) Bist Du es noch?

Aschraf. Der eine meiner Söhne starb den Tod für's Vaterland —

Duarte. Wohl ihm!

Aschraf. Er fiel in der Schlacht, in welcher Dein Sohn gefangen genommen wurde —

Duarte. Ach! wär doch auch er damals den Tod der Ehre gestorben!

Aschraf. Ich klagte nicht.

Duarte. Auch ich wollte nicht klagen. Seinen Tod rächend, wollte ich mit dem Schwerde an seinem Grabhügel niedersinken, und mein Leben in froher Hofnung verbluten, ihn bald wieder zu sehen.

Aschraf.

Aschraf. Mein zweiter Sohn fiel durch das Schwerd der Gerechtigkeit, weil er Verrätherei gegen seinen König begieng. Ich dachte: besser, gar keinen Sohn zu haben, als so einen, und klagte nicht.

Duarte (fast ergrimmt.) Hörst Du mich klagen?

Aschraf (geht umher.) Ich klagte nicht.

Duarte (schmerzhaft.) Hörst Du mich klagen?

(Aschraf geht schweigend ab.)

Sechster Auftritt.

Duarte.

Es ist nicht wahr! er hat keinen Sohn verloren — es war sein Sohn nicht, die Mutter hat ihn betrogen! es war ein Sklavenkind, ein Bastart, nicht die Frucht einer unentweihten, heiligen Ehe, die man hier nicht kennt. — Oder ist seine Philosophie so mächtig, so stark, daß sie wirklich Schmerz und väterliche Empfindungen aus seiner Seele reißen kann?

F

kann? Er soll mich sie lehren, ich will sein treu-
ster Schüler seyn. (geht — kehrt schnell um) Aber,
welcher von uns beiden folgt der bessern Spur?
Er, oder ich? Ist es besser, meinen Vaterem-
pfindungen, oder seiner kalten Philosophie zu folgen? (nachdenkend) Gesetze der Natur
— Sistem der Philosophie —

Siebenter Auftritt.

Duarte. Ein Derwisch.

Derwisch (nähert sich ihm langsam, und betrachtet
ihn.)
Es ist nur Ein Gott! Er erbarmt sich der Menschen.

Duarte. Was suchst Du?

Derwisch. Einen milden Geber.

Duarte (aufs Herz.) Man fordert so viel von
mir! —

Derwisch. Ich fordre nicht mehr von Dir,
als das, was Du mir giebst.

Duarte.

Duarte (in heftiger Bewegung.) Haſt Du keinen Vater gekannt, den man das Gefühl für ſeinen Sohn zu rauben ſuchte? lerne mich kennen, und Du ſiehſt ihn.

Derwiſch. Biſt Du der Vater des jungen Franzesko, deſſen Schickſal man mir eben erzählte?

Duarte. Der bin ich. — O! daß ich es bin!

Derwiſch. Schäme Dich Deines Sohnes nicht, Vater! Du haſt einen edlen, wohlthätigen Sohn. Er gab mir immer ſo reichlich, wenn er mich ſah, daß ich vielen Armen davon mittheilen konnte, und ich hörte ihn ſo oft mit dankbarer Empfindung ſegnen. Ja, Vater, ich habe mit Deines Sohnes Wohlthaten viele Thränen getrocknet. Geſtern noch rettete ich mit ſeinem Gelde eine Familie aus Noth und Verzweiflung. Ich kam eben hieher, ihm den Dank der Geretteten zu bringen, und hörte ſein Unglück. War es doch, als gäb er mir zum letztenmale, ſo reichlich war es! — Der Krieg, den Deine Nation mit unſerm Könige führt, bedrückt das Land mit tauſendfachen Laſten. Man riß einen Mann aus ſeiner Hütte, wo er arbeitend im Kreiſe nes Weibes und sechs unerzogener Kinder saß. Das Weib jammerte um ihren Mann, die Kinder schrieen nach ihrem Vater. Die Grausamen rissen ihn fort, und achteten nicht des Geschreies der Unglücklichen. Er wurde auf den Waffenplatz geschleppt, mußte den Eid der Treue schwören, sollte muthig für König und Vaterland fechten, und mußte, daß ohne den kleinen Verdienst von seiner Handarbeit, seine Kinder verhungern mußten. — In dem ersten Gefecht verlor er die Hand, mit welcher er seinen Kindern Brod gereicht hatte. — Er kam in seine Hütte zurück, und kannte kaum Weib und Kinder noch. Gleich Schatten, winselten sie um ihn herum, streckten ihre schwachen Händchen nach seiner verlornen Rechten aus, und lallten: Brod! Er hatte keins. Sie sammelten ihren letzten Athem zu der Bitte nach Brod. Er hatte keins. Sie röchelten mit dem Tode ringend: Brod! — „Großer Gott!" schrie er in völliger Verzweiflung, „gieb mir Brod!" Die Kinder krümmten sich in Todesangst auf dem faulen Schilfe — den Jammer konnte er länger nicht ertragen. Verzweiflungsvoll rannte er nach dem Flusse, sein Leben zu enden, und fließ auf mich.

Ich

Ich brachte ihn zurück, gab ihm, was ich hatte, und erhielt von Deinem Sohne so viel, daß ich die ganze Familie glücklich machen konnte. — Die Geretteten wollen ihren Wohlthäter sehen, die Kinder stammeln seinen Namen. — Ich wollte ihn hinführen, wollte ihm ein Schauspiel geben, welches sein Herz verdient; — wohin werde ich ihn nun begleiten müssen? Ich will Abschied von ihm nehmen, in eine Wüste ziehen, und ein Einsiedler werden. (ergreift seine Hand) Ich fürchte, nicht leicht wieder auf einen Mann zu treffen, der ein Herz hat, wie Dein Sohn.

Duarte (Thränen im Auge.). Und diesem Sohne wollen sie die letzte Wohlthat, die Thränen, den verzeihenden Abschiedskuß seines Vaters, entziehen!

Derwisch. Die Menschen klagen immer ihre Brüder an, wenn es auf unterlassene Ausübung gefühlvoller Pflichten ankömmt. Prüfe Dich selbst, ob Du nicht in gleichem Falle bist.

Duarte (ängstlich.) Ich habe meinen Sohn von mir gestoßen! —

Derwisch. Nenne Dich nicht mehr Vater!

Duarte (zitternd.) Ich habe ihm meinen Fluch gegeben! —

Derwisch. Ich verlange keine Gabe von Dir.
(will gehen.)

Duarte. Wohin? (ängstlich, ihn zurückhaltend.) Willst Du mich versuchen?

Derwisch. Beten will ich für Frayresko, und alle (weinend) sollen ihr Gebet mit dem meinigen vereinen, welche von seinen Wohlthaten erquickt wurden.

Duarte. Ach! bleib! Mann! — heiliger Mann! Du bist mein guter Engel, ich lasse Dich nicht von mir! (umarmt ihn) Ich widerrufe meinen Fluch, ich will meinen Sohn segnen. Ich will ihn väterlich an meine Brust drücken, ich will ihn wieder S o h n nennen; — dann sterbe er —

Derwisch. Kannst Du ihn nicht retten?

Duarte Verbindlichkeiten gegen Könige mag ich nicht haben, wenn ich auf Unkosten meines Vaterlandes, und meines eigenen Herrn, spielen müßte. Ich könnte sein Leben vom Könige erbitten — er würde

würde es ihm schenken. Aber ich bin hier, Verträge, Verbindungen mit ihm zu errichten; welchen Gegenbedingungen müßte ich mich auf Kosten meiner Ehre, meiner Pflicht, und meiner Nation, unterwerfen? Ich wär ein treuloser Diener meines Königs und meines Vaterlandes, ging ich sie ein; ich wär ein Undankbarer, ging ich sie nicht ein.

Derwisch. Edler Mann! und Du konntest Dein Herz so sehr verläugnen?

Duarte. Die schreckliche Lage, in der ich mich befand — meine so schändlich vereitelten guten Absichten, die ich hatte — dies zwang mich, Ungerechtigkeiten zu begehen, die ich wieder gut machen will. Das kalte Raisonnement des Höflings — mein Stolz — meine Pflicht — o! forsche nicht nach den Quellen meiner Hartherzigkeit, sie sollen alle versiegen. Du warst gesandt, mich auf den rechten Weg zu leiten. Hier! (giebt ihm eine Börse.)

Derwisch. Es ist zu viel!

Duarte. Kann ich Dich mit elendem Solde belohnen? — Spende aus, was ich Dir gab, und hast Du alles ausgetheilt, so komm wieder, Du sollst mehr haben. Ich bin reich genug, Tausende zu beglücken, Ich habe keine Erben mehr. Notleidende sollen meine Kinder seyn. Ich will geben, bis ich nichts mehr habe. Dann bleibt mir doch noch ein freundschaftlicher Händedruck für einen Freund, der mir die Augen schließen kann. — Ich eile zu meinem Sohne. — Heiliger Mann! bete für ihn in der Stunde seines Todes. Du hast mein Herz gewendet — Du machst, daß ich ruhig meiner Todesstunde entgegen sehe. — Dort! (gen Himmel blickend, und seine Hand mit der Hand des Derwisches dahin erhebend) — Dort fordere ich selbst dereinst Deine Belohnung. — Gottes Segen über Dir!

(ab.)

Achter Auftritt.

Derwisch.

Leite den Menschen auf den Weg einer guten Handlung, und tausend gute Thaten werden Deine Müh belohnen. — Dieses Gold! wie viele Menschen soll es vom Hunger und Elende retten, die jetzt unter der Last der Kriegsschatzungen erliegen!

gen! Mit der Unterstützung eines Feindes helfe ich seinen notleidenden Feinden auf. Er giebt wieder, was seine Brüder rauben. (fällt nieder) Es ist nur Ein Gott! und Er erbarmt sich des Staubes!

(fällt auf sein Gesicht.)

Fünfter Aufzug.

Kleines Zimmer.

Erster Auftritt.

Francesko. Derwisch.

Derwisch (geht. — An der Thür kehrt er um, kömmt zurück, und umarmt ihn.)

Die letzte Umarmung hienieden! — Im Namen aller Unglücklichen, die Du aus Elend und Verzweiflung gerettet hast.

Francesko. Verlaß mich! ich ertrag' es nicht! — Bald führt man mich zum Tode, und ich sterbe wie ein Missethäter —

Derwisch (wischt die Augen.) Stirbst Du mit der Stärke Deiner edlen Seele, so stirbst Du auch un-

ter dem Schwerde des Henkers, als ein edler Mann!
(umarmt ihn) Es ist genug.

(ab.)

Zweiter Auftritt.

Francesko.

(geht nachdenkend umher.)

Ich liebte Brianden — Familieninteresse riß sie von mir. — Ich ging verzweiflungsvoll übers Meer — kein wohlthätiger Sturm zerbrach mein Schiff. — Ich suchte den Tod in Gefechten, und wurde von Feinden zu meiner Schmach gerettet, ohne deren unerbetene Hülfe ich mein Leben ehrenvoll auf dem Schlachtfelde verblutet hätte. — Ich liebe Zorabinen — diese Liebe führt mich dem Henkerschwerde entgegen. Mein Vater könnte mich retten — die Pflicht gegen seinen König verbietet ihn, mein Leben zu erbitten. — So spielte das Schicksal mit mir! — Brianden wird der Gram tödten, Zorabine stirbt mit mir, mein Vater wird von Leid und Kummer ins Grab gedrückt, und des Königs Wille ist befriedigt!

Drit-

Dritter Auftritt.

Francesko. Rinaldo.

Rinaldo.

Freund!

Francesko. Du bist so bestürzt? Du zitterst?

Rinaldo. Die Freude —

Francesko. Freude? wie könnte auch nur ein Strahl der Freude hieher bringen?

Rinaldo (führt ihn vor, und sieht sich besorgt um.) Du bist gerettet.

Francesko. Gerettet?

Rinaldo. Es ist alles zu Deiner Flucht von mir veranstaltet worden.

Francesko. Flucht? — — Ich fliehe nicht! — Fliehen sollte ich, und meinen Vater, von dessen Versöhnungsküssen noch diese Lippen glühen, in Gefahr zurücklassen?

Rinaldo. Besorge nichts! Vierhundert Portugiesen, denen allen bei dem Worte Kampf das

Herz

Herz höher schlägt, stehen unter Waffen in der Nähe, schrecklich jede Gewaltthätigkeit zu rächen —

Francesko. Doch nur zu rächen, nicht zu verhindern. Soll der Vater für den Sohn sterben, und dieser Vatermörder als ein Gebrandmarkter, sein Leben einer feigen Flucht verdanken? — Nein! — ich fliehe nicht! — Dein Rath ist der Rath der besorgten Freundschaft, aber nicht der pflichtmäßigen Ueberlegung. Ich danke Dir für jenen mit diesem Kusse, über den andern, bitte ich Dich, nachzudenken. — Du bist bestürzt? Glaubst Du Dich verkannt? nein! das bist Du wahrlich nicht! — Es ist nur ein Weg übrig, den mir die Freundschaft mit Ehren zu meiner Rettung zeigen kann.

Rinaldo. Nenne ihn mir —

Francesko. Stoß mich nieder, daß ich von der Hand eines Edlen, und nicht von der Faust eines königlichen Henkers sterbe.

Rinaldo. Francesko!

Francesko. Du entfärbst Dich?

Rinaldo. Man wird mich für einen Meuchelmörder halten —

Fran-

Francesko (nachdenkend.) Wohl möglich! — Diese Besorgniß ist zu heben. Ich gebe Dir ein schriftliches Zeugniß meiner Forderung an Dich. (setzt sich, zu schreiben) Oder — (steht auf) Hast Du keinen Dolch bei Dir? gieb ihn mir, und verlaß mich.

Rinaldo. Ich habe keinen Dolch —

Francesko. Wenn Du mit mir auf dem Schlachtfelde wärst; ich läg ohne Rettung halb lebend noch da, und es kämen Barbaren, welche mich unmenschlich behandeln wollten — was würdest Du thun?

Rinaldo. Dein Leben ihren Martern zu entreissen suchen —

Francesko. Und —?

Rinaldo. Fechtend für Dich sterben, ehe ich zugäb —

Francesko. Pfui! Dein Leben müßtest Du um die wenigen Augenblicke des meinigen nicht verlieren, aber mich doch den Händen der Feinde entreißen. Ein einziger Stoß, ich wär gerettet, und Dein König verlör statt eines, nicht zwei

Krie-

Krieger. — Dies ist der Fall auch jetzt. (setzt sich und schreibt.)

Rinaldo (geht in heftiger Bewegung umher.) Wie? Ich zittere? — (fühlt an das Herz) Das ist der Schlag der Entschließung und des Muthes. — Ha! (mit rollenden Augen) Kato's Weihgesang!

Francesko (steht auf, und giebt ihm den Brief.) Hier ist Deine Rechtfertigung.

Rinaldo (steckt sie zu sich.) Leb wohl! (umarmt und küßt ihn.) Zum letztenmal in den Armen Deines Freundes —!

Francesko. Leb wohl! — und kannst Du Sabinen retten, so tröste sie über meinen Verlust.

Rinaldo (zieht sein Schwerd.) Es ist beschlossen —!

Francesko. Die Nachwelt wird Deinen Namen mit Ehrfurcht nennen, und wo ein paar Freunde traulich zusammen gehen, wird einer dem andern schwören: „treu zu seyn, wie Rinaldo seinem Freunde Francesko!"

Ri-

Rinaldo. Treu seinem Freunde Francesko!
(will in sein Schwerd fallen.)

Francesko (reißt ihn zurück, und hebt das Schwerd auf.) Rinaldo! was willst Du thun —?

Rinaldo. Retten meine Ehre, beweisen meine Freundschaft!

Francesko. Nein! Du sollst nicht sterben!

Rinaldo. Was soll ich thun? von meiner Hand kannst Du nicht sterben!

Francesko. Du bist Deines Versprechens entlassen —

Rinaldo. O! daß Du mich wieder verkennen mußt! —

Francesko. Nicht doch, Rinaldo!

Rinaldo. Zeig mir nur Einen Ausweg, Dich nicht zu kränken, Deine Freundschaft zu verdienen —

Francesko. Sag allen, die mich kennen, Francesko starb, ohne die Stärke seiner Seele zu verlieren.
(will sich durchbohren.)

Rinaldo (fällt ihn in den Arm.) Francesko!

Vier-

Vierter Auftritt.

Vorige. Khoja.

Khoja.

Francesko! Dein Vater will Dich sprechen!

Francesko. Noch einmal? (wirft das Schwerd weg) O! mein Vater! um einen Kuß von Dir, erdulde ich die Schmerzen eines qualvollen Lebens, noch tausend lange Stunden!

(ab. — Khoja folgt ihm.)

Rinaldo (hebt sein Schwerd auf, und wirft es unwillig in die Scheide.) Kein Gedanke reist mir zur Vollkommenheit. — Bin ich nach Indien gekommen, blos um einen Freund nach dem Blutgerüste zu begleiten? — Nein! beschlossen ist es! — Francesko stirbt, und Saffar fällt durch dieses Schwerd.

(ab.)

Fünfter Auftritt.

Saal.

Saffar. Zofar.

Saffar.

Aschraf, sagst Du?

Zofar. Aschraf!

Saffar. Ergreifet ihn! verhindert seine Flucht, führt ihn mit Gewalt hieher.

(Zofar ab.)

Saffar. Verlassen will er mich? mich verlassen, da ich jetzt so unruhig bei dem schrecklichen Augenblicke der Entwickelung stehe? Das ist treulos! Was thu ich Böses? gebrauche ich Zwang? — Laß ich ihr nicht die Wahl? spricht nicht Francesko's Urtheil sein Vater selbst? — Wohl! aber willig? ohne innere Abneigung gegen meine Grausamkeit? — O! Liebe! Liebe! in welches Labirint hast Du mich geführt!

Sechs-

Sechster Auftritt.

Saffar. Aschraf.

Aschraf.

Mit Gewalt läßt Du mich zu Dir führen?

Saffar. Wolltest Du nicht entfliehen?

Aschraf. Das wollte ich, um kein Zeuge Deiner Verbrechen zu seyn.

Saffar (fährt nach dem Säbel.) Verwegner!

Aschraf. Hier ist mein Kopf, mein Herz nehme ich in eine Welt mit mir, wo ich so glücklich seyn werde, Dich nicht wiederzusehen. Deinesgleichen geht keiner in die Wohnungen der Seligen ein, wo nur gute Thaten belohnt werden.

Saffar. Wohl Dir, daß Du mit mir sprichst!

Aschraf. Wehe Dir, daß ich so mit Dir sprechen muß! — Wenn es meinem Schicksale gefällt, und Dir, so lange ich noch in Deiner Gewalt bin, gehe ich unerschrocken dem Tode entgegen, und nehme ein Bewußtseyn mit mir, das mir kein Kö=

nig rauben kann. Aber Du wirst bleich und zitternd an der Pforte des Todes stehen, den Scheideweg erblicken, den die Rechtschaffenheit bewacht; der Du Dich ohne Gewissensangst nicht nahen kannst, sie zu bitten, Dich den Pfad zu führen, wo Du Deinen treuen Aschraf wieder findest. In der Angst Deiner Seele wirst Du vergebens meinen Namen nennen. Dort, wo Du ihn nennst, kennt man mich und meinen Namen nicht. — Ich muß Dich verlassen, um Dich nie wieder zu sehen. Mache mich nicht zum Zeugen Deiner Schande, laß mich nicht wissen, was Du begehen wirst. In der Einsamkeit will ich mein Leben beschließen, trauern um die schöne Blume, die duftend unter meinen Händen entblühte, und die ganze Gegend mit paradiesischen Wohlgerüchen erfüllte. Ein giftiger Wurm zerstöhrte ihre Schöne, ihre Blätter fielen ab; der Wurm erhob sein abscheuliches Haupt siegreich, und der Wanderer scheut sich, die Stätte zu betreten, wo ihr Stengel fault. Ich will sie nicht welken, ich mag sie nicht faulen sehen!

(geht.)

Saffar (rasch.) Aschraf! (gerührt) Treuer Gärtner

ner! warte die Blume ferner, und der Wurm wird sich ihr nicht nahen.

Aschraf (halb in Thränen.) Du wolltest —

Saffar. Ich will zurückkehren —

Aschraf. Der Himmel segne Dich! Diese Thränen, die auf meinen grauen Wimpern zittern, sind Perlen in Dein Diadem, das Dir Nachruhm und Unsterblichkeit flechten werden. O! mein König und Herr! Du hast mir eine selige Stunde gewährt! laß mich sterben! so glücklich kann ich nie wieder auf Erden seyn!

Saffar. Aschraf! (umarmt ihn) Der Tod eines Edlen nach einer edlen Handlung ist ja die schönste Belohnung der Tugend; nicht?

Aschraf. Was willst Du damit sagen?

Saffar. Nichts! — nichts, als daß auch ich mich einem glücklichen Augenblicke meiner Vollendung zu nähern wünsche.

Aschraf. Lange mußt Du leben, um Menschen zu beglücken, die Dich liebend segnen werden.

Saffar. Geh! rufe sie alle herbei, daß ich sie glücklich sehe, ehe wir uns scheiden.

Aschraf. Scheiden?

Saffar. Ehe sie von mir gehen. — Jetzt mehr als jemals fühle ich, daß Tugend mit Augenblicken wuchert, daß Seligkeit hienieden die Frucht edelmüthiger Entschließungen ist!

(ab.)

Siebenter Auftritt.

Aschraf.
(sieht ihm nach.)

Was soll diese geheimnißvolle Sprache? wozu diese räthselhaften Reden? — So sind sie alle, diese edlen Herzen. Augenblicke bemächtigen sich ihrer Schwärmerei, die Saiten zittern harmonisch bei der leisesten Berührung, und diese innere Rührung, geht in feste Beständigkeit über. — O! daß ich diesen Sieg seinem Herzen abgewonnen habe! — Wahrheit und Rechtschaffenheit, führen ein unverkennbares Siegel, stempeln mit der Allgewalt ih-

res

res Zaubers die Worte, welchen kein edles Herz entflieht.

Achter Auftritt.

Aschraf. Zoradine. Francesko.

Aschraf.

Seyd ruhig!

Francesko. Ich bin ruhig, ausgesöhnt mit meinem Vater —

Zoradine. Geliebt von Zoradinen!

Francesko. Es wird mir nicht an Thränen fehlen, die meinen Grabhügel befeuchten. — Nichts mehr ist mir zu wünschen übrig. Ruhig blicke ich selbst dem grausamsten Tode entgegen.

Aschraf. Gerecht ist der König!

Zoradine Ewig meine Liebe!

Francesko (umarmt sie.) O! meine Zoradine!

Zoradine. Unerschütterlich ist meine Treue, auch in Todesgefahr.

Neunter Auftritt.

Vorige. Saffar (von der einen,) Duarte, Rinaldo (von der andern Seite.)

Francesko. Mein Vater!

Duarte. Mein Sohn!

Francesko. O!. dieser Zaubername stählt mein Herz zwiefach gegen alle Schrecken des Todes! nur einmal noch, mein Vater, laß mich an Deinem Busen ruhen. —

Duarte (umarmt ihn.) Theurer, einziger Sohn! (küßt ihn.)

Francesko. Dieser väterliche Kuß sey mein Gefährte auf dem Wege, dem ich entgegen eile; ein Unterpfand der Vergebung bei der Scheidewand des Lebens! -

Zoradine. Vater meines Francesko! hat Deine Liebe kein Unterpfand für die glückliche Begleiterin Deines Sohnes?

Duarte.

Duarte. Ja, Prinzessin! (schließt sie in seinen Arm.) Dein Vater (küßt sie) konnte Dich inniger nicht an seine Brust drücken, als der Vater Deines Geliebten Dich an die seinige drückt. Unglücksbraut! mein Segen begleite Dich. (drückt sie beide an seine Brust) Zum letztenmal! — Wir sehen uns bald wieder. Ich fühle 'es! Bald — bald komme ich Euch nach! — Lebt wohl! — geht euern Weg!
(macht sich los.)

Aschraf (späht nach den Bewegungen Saffars.)

Saffar (steht mit innerm Kampfe da — greift unwillführlich nach dem Dolche — zieht die Hand langsam ab, und will eben reden.)

Rinaldo (nähert sich dem Könige.)

Zorabine und Francesko (umarmen sich, und wollen nach der Thür.)

Zehnter Auftritt.

Vorige. Brianda (eilt zerstört herein.)

Brianda (hält Francesko und Zorabinen zurück.) Ihr seyd gerettet! (wirft sich vor Saffarn nieder)

Hier ist der Preis, den Du für Francesko's Leben bestimmtest. — Ich bin Dein!

Saffar (erschüttert und entzückt, hebt sie auf.) Brianda! darf ich Deinen Worten trauen?

Brianda (mit mißtrauenden Augen.) Francesko! Du bist frei. Zoradine, umarme mich! verzeih dem Mädchen, dessen Aufopferung mehr vermochte als die Deinige. Wähne aber nicht, Deine Liebe sey allein stark.

Zoradine (umarmt sie.) Brianda!

Brianda. Francesko! hier ist das Siegel Deiner Treue zurück. — (küßt ihn) Es ist der letzte Kuß, den Du von diesen Lippen empfängst.

Francesko (wehmüthig.) Um welchen Preis!

Saffar. Brianda! (ergreift ihre Hand) Dein Entschluß hat mir das Leben gerettet.

Aschraf. Ha! meine Ahndungen! — Du wolltest —

Saffar. Sterben. — Sieh! es war beschlossen, Francesko zu verzeihen, und mit dieser wonnevollen Scene mein Leben zu beschließen. Ich war unter
Euch

Euch allen allein unglücklich gewesen, denn meiner Liebe zu Dir zu entsagen, stund nicht mehr in meiner Gewalt. Edle Thaten, dachte ich, reifen in Augenblicken, und es muß keine Zeit übrig bleiben, andres Sinnes zu werden. Deine Liebe schenkt mir das Leben. — Umarmt mich, Freunde — umarmt den Glücklichen! — Habt Ihr keine Sprache, keine Freude für mich, da ich so glücklich bin?

Brianda. Freut Euch seines Glücks nicht. Eure Freude wär ein Morgentraum.

Saffar. Hast Du mich getäuscht?

Brianda. Ich bin Dein!

Saffar. Und ich nicht glücklich?

Brianda. Konnte ich meinem Herzen gebieten, den Gegenstand seiner Liebe zu wechseln? Francesko's Leben war in Gefahr. Sein Vater wollte es nicht einmal erbitten. Zoradinens Aufopferung verschmähtest Du. Mich wolltest Du besitzen. Dies war der Preis, um welchen das theure Leben des Geliebten zu erkaufen war. Die Portugiesinnen verachten ihr eigenes Leben, um das Leben ihres Treugeliebten zu retten. Tausende thaten mehr, als ich that. (giebt Saffarn die Hand.)

Saffar.

Saffar (nimmt sie nicht.) Keine Hand ohne Herz! Kannst Du mich nicht l i e b e n, so bleibt Francesko frei, weil ich mein Wort gab, und Deine Aufopferung, so ein elender Gewinn für ein liebendes Herz, wie das meinige, verlange ich nicht. — Folge dem Rufe Deines Herzens —

Brianda. Es ist zu spät!

Saffar. Zu spät?

Brianda. Leben, ohne den Besitz meines Francesko, will und kann ich nicht — ihn zu retten, wagte ich — Gott! wie wird mir!

(sinkt auf eine Ottomanne.)

Francesko. Brianda! was ist Dir?

Brianda. Ich habe G i f t genommen.

Francesko. Gift? —

Duarte. Gerechter Gott!

Saffar (außer sich.) Gift? (zitternd und gerührt.) Edle Seele! Du trautest meinem Herzen nicht! — ach! ich liebe Dich so unaussprechlich —

Brianda. Francesko! (reicht ihm ihre Hand) Treu

ist

ist Brianda gestorben — stark war meine Liebe, bis in den Tod —

Francesko. Und ich soll leben?
(stürzt vor ihr nieder, ergreift ihre Hand, und verbirgt sein Gesicht an ihrer Seite.)

Brianda. Mache Zorabinen glücklich — erfülle die Pflichten gegen Vater und Vaterland —

Saffar. Glaubt Ihr, die Ihr Eure Blicke staunend mit Verachtung auf mich richtet, daß nur wilde Leidenschaft ohne edle Liebe den schrecklichen Schleier über meine Handlungen breitete, so betrügt Ihr Euch. Meine Liebe war kein trügerisches Irrlicht ungezähmter Leidenschaften eines ausgearteten Herzens. Francesko raubte mir Zorabinen, ihm habe ich verziehen. — Ich raubte nicht, ich bat, ich flehte um Briandens Liebe. *) Ihr gebt vielleicht Briandens Tod meiner Laune schuld. Ihr irrt Euch. — (ergreift Briandens Hand) Du vergiebst mir?

Brianda. Ich vergebe Dir!

Saffar. Sie vergiebt mir; wer will mich verdammen? Noch bin ich Euch den Beweis meiner

---

*) S. den zweiten Schluß des Stücks. S. 111.

ner wahren Liebe schuldig — Ihr sollt ihn haben.
— Zorabine! Dein ist mein Thron. Freunde!
schützt sie bei ihren Rechten. Nehmt meine Krone
hin, laßt mir mein Herz und meine Liebe. — Seht
her —! Briandens Augen brechen. „Stark war
meine Liebe, bis in den Tod!" so sprach sie.
Brianda! stark ist auch meine Liebe, bis in den
Tod!
(zieht den Dolch, ersticht sich, und sinkt in Aschrafs
Arme.)

Aschraf. } Herr!
Duarte. } König!

Francesko. Er liebte sie!

Saffar. Beneidet mich nicht — Brianda that
mehr als ich.

Brianda. Liebe! —

Saffar. Ich liebe Dich — ich folge Dir.
Sagt, so starb Saffar; ein König, den man ver-
kannte, weil er wirklich liebte.

Aschraf. Schrecklich hast Du diese Wahrheit

mit

dem Tode verfiegelt. — Saffar: edler König! wer kann Dich noch verkennen!

Saffar. Nun, Aschraf? — Leidenschaft, — und Liebe —!

Auf dem Dresdener Hoftheater wurde das Stück mit nachfolgender Abänderung des Schlusses von mir, gegeben, den ich auch mittheile, um die Wahl unter beiden Ausgängen den Theatern selbst zu überlassen.

(Mit den Worten Saffars:

— — ich flehte um Briandens Liebe,

schließt sich seine Rede, und es folgt:)

Aschraf. Sey ein Mann!

Saffar. Seyd gerecht, und beschuldiget mich nicht, daß ich schuld an ihrem Tode bin. — Die Größe ihrer Liebe zu Dir, Francesko, verdient unsre

Bewunderung, und ihre Asche ein königliches Monument. — Nie werde ich Dich vergessen, schönes Opfer der reinsten Liebe! Diese traurige Geschichte hat sich mit unauslöschbaren Zügen in mein Herz gegraben. Dein Tod sey der Spiegel meines Lebens. Halte ihn mir vor, treuer Aschraf, wenn die böse Stunde der Leidenschaften mich zu beschleichen droht! — (zu Francesko und Zoradinen) Seyd glücklich! und dies sey auch der Zuruf an mein Volk, dessen Liebe das Kleinod seyn soll, nach welchem ich ringe.

Ver-